零基础也能做到现学现用

图解生活中的

行为
经济学

[日] 真壁昭夫 著 | 宋妍 译

U0642037

人民东方出版传媒
People's Oriental Publishing & Media

东方出版社
The Oriental Press

我们的心理活动
影响经济

很早以前我就想写一本普通大众也能读懂的行为经济学通俗读物，如今创作这本书终于让我得偿所愿。在插画师的帮助下，一本通过看图就能了解行为经济学概要的图书终于问世。

我想一定有很多人虽然听说过"行为经济学"，但并不清楚它究竟是怎样一门学科。或者就算尝试读一些相关的入门读物，最终却因其枯燥难懂而半途而废了。因此，希望大家利用本书，通过看图的形式，了解如今备受瞩目的行为经济学的主要内容。

行为经济学是经济学的一个分支，通过关注人们的"心理活动"来理解金融或经济动向。传统经济学认为人总是理性的，经济活动也好，金融活动也好，一切都是由理性人操纵的。

实际上，人们有时也会做一些傻事，也就是说，人未必总能保持理性。因此，我们这些"有血有肉的人"所从事的经济或金融活动很容易受到心理活动的影响，导致出现一些违背常理的经济或金融现象。比起以往的传统经济学，行为经济学更接近实际的经济或

金融情况。因此，行为经济学对人们的日常生活的方方面面起着重要的作用。

记得第一次接触行为经济学时，我就兴奋地喊道："这正是我想要的！"这件事就像昨天刚刚发生一样，记忆犹新。在那之前，我学习过传统经济学和金融工程学，并运用这些知识从事过金融交易（买卖债券、外汇等）等业务。

然而，在每天和金融市场打交道的过程中，我遇到了一些传统经济学理论难以解释的情况。因此，不禁暗自疑惑：难道没有更加切合金融市场实际变化的理论吗？正因如此，与行为经济学的邂逅使我感到无比欣喜和幸福。

希望大家读完本书，也能不由地说出，"啊，原来是这么回事儿"，获得恍然大悟的喜悦。希望本书能成为大家关注行为经济学的起点。

目　录

Contents

Chapter 3
行为经济学
入门

Chapter 4
为什么会产生
泡沫经济?

Chapter 5
对生活有益的
行为经济学

Chapter 8
展望行为经济学的未来

什么是行为经济学？

行为经济学是诞生于 20 世纪后半期的一门新学科。为什么如今行为经济学备受瞩目？让我们通过与传统经济学的比较，一起走进行为经济学的世界。

什么是行为经济学？

01

行为经济学究竟是什么学科？

行为经济学是关注我们心理活动的经济学。

行为经济学是经济学的一个新领域，它从人的"内心"出发，考虑各种问题。根据人的心理活动，分析人做决策的过程以及行为。小到一个个体或企业的行为，大到一个国家的经济状况，行为经济学的分析对象多种多样，范围甚广。它的相关理论多以普通人为研究对象，通过实证研究而得出。

心理影响经济

好渴啊。可是冰箱空了。

喝点什么呢？

情景不同，人的情绪会发生变化。这会影响人的决策。

今天这么热，喝冰茶才是明智的选择！想在家里喝，再买点咖啡回去吧。

家门口的自动贩卖机没有我喜欢喝的饮料啊。

24

吃想吃的食物，喝想喝的饮品，明明应该写作业，却玩了半天……我们的行为常常受到"心理活动"的影响。不同于机器人，人们的行为并不是由提前写好的代码控制的。因此，有时会做出一些不合常理的事情。通过学习行为经济学，我们就能轻松地理解并客观地厘清我们在日常生活中的一些判断和想法。

有时也会做出不合理的举动

● **明明涨价了，销售额却提高了？**

这是一个非理性行为的案例。对于同样的珠宝，消费者反而倾向于购买高价的商品。这是因为买方受到思维定势的影响，认为"珠宝价格越高价值越大"。在行为经济学中，这种思维定势叫作框架效应。

● **虽然折扣力度一样大……**

对于已经熟悉打折的消费者来说，仅注明"打九二折"缺乏吸引力。
但是，由于消费者普遍认为消费税太高，所以他们对退消费税的促销活动更加感兴趣。

什么是行为
经济学？

02

行为意味着什么？

有时传统经济学难以解释的某些经济行为，却可以用心理学理论解释。

行为经济学运用心理学（科学阐释心理活动和行为的学科）理论，来分析人们的经济决策。众所周知，心是在胸口附近的，但心理归根结底还是大脑的活动。当我们采取某种"行动"时，其背后一定有决策者的情感、思想、喜好等各种心理活动的影响。为了缓解焦虑不安的情绪，让自己更加满意，我们常常会经过深思熟虑再做出判断，然后采取实际行动。

心理和大脑的活动

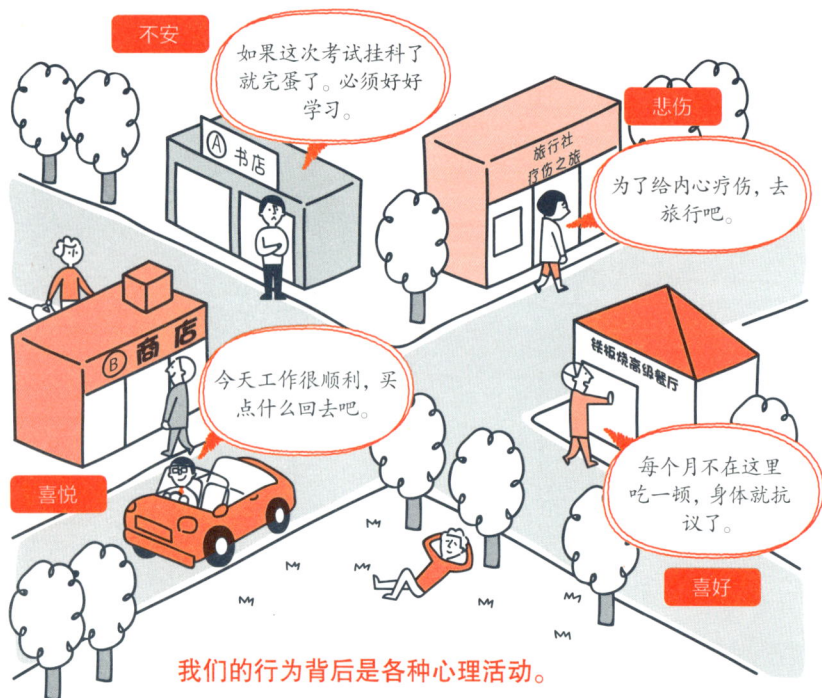

不安
如果这次考试挂科了就完蛋了。必须好好学习。

悲伤
为了给内心疗伤，去旅行吧。

旅行社 疗伤之旅

Ⓐ 书店

Ⓑ 商店

铁板烧高级餐厅

今天工作很顺利，买点什么回去吧。

喜悦

每个月不在这里吃一顿，身体就抗议了。

喜好

我们的行为背后是各种心理活动。

心理学对我们做决策非常有帮助。我们看到并解释自己周边事物（外界环境）的行为叫作认知。客观分析认识事物过程的心理学称为认知心理学。运用这种心理学理论，我们就能理解购物、投资时人的心理活动。

心理活动是什么

错觉美术馆

入口

鲁宾杯

缪勒·莱尔错觉

我绝对不会上当的！

■ 人们的认知有时会出现错觉

在左上角这幅"鲁宾杯"反转图形中，如果单看白色部分，会看到一个"杯子"，如果单看黑色部分，会看到"相对的两个侧脸"。另一幅图中上面的两条直线其实是一样长的。像这样，人们的内心感受有时也会出现错觉。行为经济学的理论就是以人的心理活动为基础建立起来的。

03 为什么行为经济学备受瞩目?

传统经济学和行为经济学最大的区别在于行为经济学能很好地解释我们的决策过程。

行为经济学之所以备受瞩目，是因为它运用心理学原理，很好地解释了我们做决策的过程。也就是说，比起传统经济学，行为经济学的解释更加切合实际，更容易让人接受。因此，世界各国都越来越需要行为经济学理论。特别是在阐释一个星期或一个月这种短期内发生的经济变化时，行为经济学发挥着重要的作用。

心理学的实用性

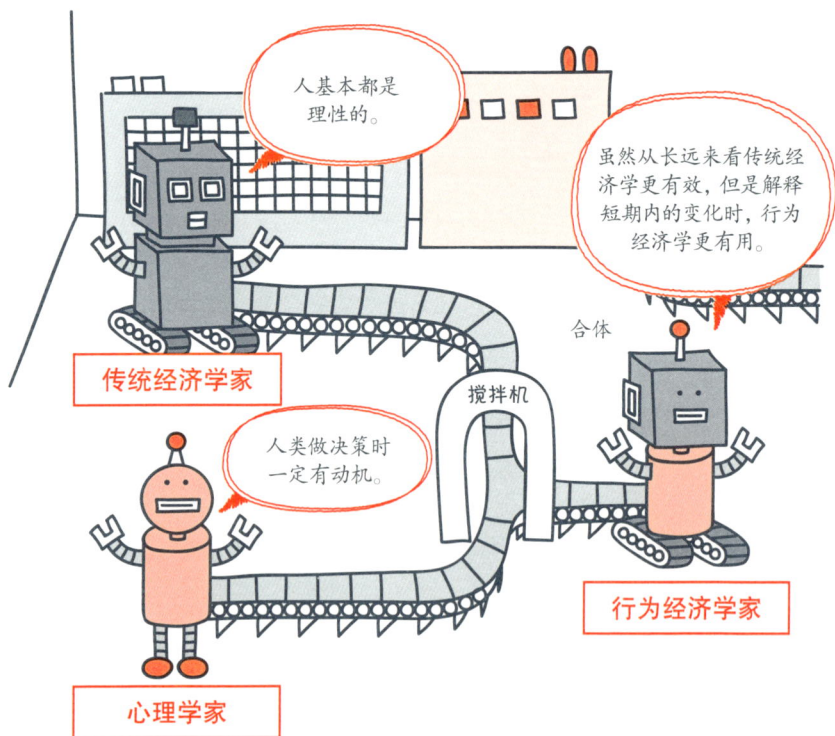

人基本都是理性的。

虽然从长远来看传统经济学更有效，但是解释短期内的变化时，行为经济学更有用。

合体

传统经济学家

搅拌机

人类做决策时一定有动机。

行为经济学家

心理学家

　　如今，越来越多的人开始尝试运用行为经济学理论分析阐释各种经济活动，包括股价的变化、外汇汇率的走势、个人消费、企业项目管理、财政运营、经济危机（2008 年 9 月 15 日爆发的雷曼危机等）的原因等。

影响股价的市场心理是什么

● 如果很多人认为"股价会上涨"，股价就会上涨。

● 如果很多人认为"股价会下跌"，股价就会下跌。

金融市场是全员参与的，每个人都有投票权

每一天，在金融市场上，每个人都参与其中并发挥重要作用。理论上，如果 100 人中 51 人以上都认为"会上涨"，那么股价就会上涨。相反，如果 100 人中 51 人以上认为"经济情况似乎会变差，股价会下跌"，那么股价就会下跌。

04

与传统经济学的区别是什么？

传统经济学并不关注人的心理活动，与此相对，行为经济学是以"真实"而"有血有肉的人"为研究对象的。

　　传统经济学与行为经济学的区别在于如何理解"人"。行为经济学试图理解会被喜悦或不安等心情影响的人的"真实面貌"。"真实人"正是行为经济学的研究对象。相反，传统经济学并不关注人的心理活动。换言之，过去研究经济的学者都为自己的研究设置了一个便利的前提条件，假定人类并无感情，不会做愚蠢的事，总能理性行事。

传统经济学

传统经济学认为的"人"为了自己的利益，总会采取理性的行为。

开私家车可能会堵车，坐公交才是正确的选择。

合理山公园

欢迎来到偏差小镇

不合理海

海边有鲨鱼，很危险哦！

异象森林

安全性、费用、设备，无论考虑哪方面，合理山公园都是放假休闲的最佳场所。

注）本书出现的"经济学"均指"传统经济学"。

传统经济学设有一个前提，即人类总是理性的。所谓理性是指不做无用功。例如，如果明天学校有考试，那么为了考试，好好学习就是理性行为。但是，如果朋友邀请我们去唱卡拉 OK，我们可能就不会学习了。这就是人性。经济学以理性人为前提，试图做出具有普遍适用性的结论，并未考虑人的"情感"。

行为经济学

行为经济学中的"人"会根据各自的价值观采取行动，有时也会做出非理性的决定，是"真实的人"。

太堵了，进不去。

合理山公园

欢迎来到偏见小镇

不合理海

惊险至极！

去那个森林探险吧！

在小镇喝一杯吧！

异象森林

这边似乎也很有趣啊！

大家都非常自由。

one point

人的决策未必总是理性的

———

行为经济学对真实人所具备的"非理性"特征进行解释，从而阐明经济活动中人的决策过程。

9

05 构建行为经济学理论的学者们

20 世纪诞生的行为经济学是利用心理学理论发展而来的。

那么，行为经济学是何时开始走进大众视野的呢？1979 年，一篇可谓行为经济学"鼻祖"的论文问世。这篇论文名为《前景理论：风险条件下的决策分析》，由丹尼尔·卡尼曼和阿莫斯·特沃斯基共同完成。他们用心理学知识分析了我们与经济相关的行为，为行为经济学的发展做出了巨大的贡献。

丹尼尔·卡尼曼和阿莫斯·特沃斯基

丹尼尔·卡尼曼
（1934—）

生于以色列，心理学家。普林斯顿大学名誉教授。凭借与阿莫斯·特沃斯基共同提出的前景理论，荣获 2002 年诺贝尔经济学奖。

阿莫斯·特沃斯基
（1937—1996）

生于以色列，心理学家。1971 年成为斯坦福大学教授。与丹尼尔·卡尼曼共同提出前景理论。1996 年逝世。

前景（Prospect）是指期待或预期。前景理论并不复杂，简单来说就是，赢必走，赔则拖。我们的心理活动并不总是理性的。放眼身边琐事，我们会发现"这样的情况的确很多"。

前景理论是什么

前景理论可由下面的价值函数图表示。

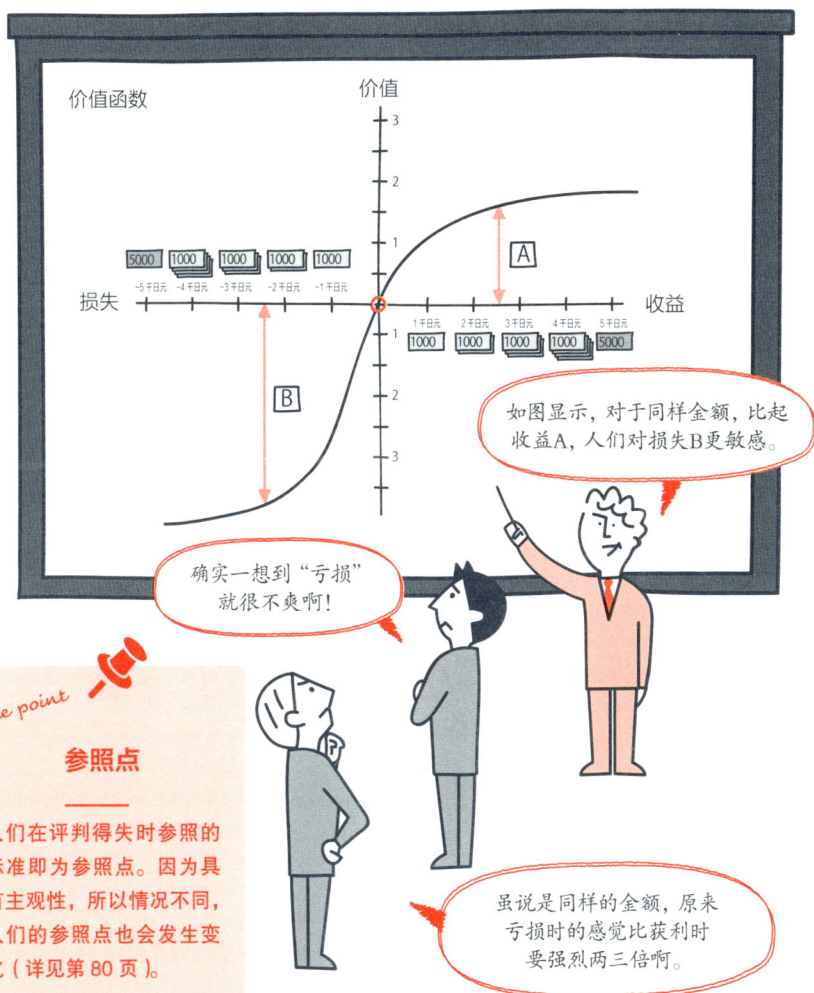

价值函数

价值

损失

收益

如图显示，对于同样金额，比起收益A，人们对损失B更敏感。

确实一想到"亏损"就很不爽啊!

参照点

人们在评判得失时参照的标准即为参照点。因为具有主观性，所以情况不同，人们的参照点也会发生变化（详见第80页）。

虽说是同样的金额，原来亏损时的感觉比获利时要强烈两三倍啊。

什么是行为经济学? 06 诺贝尔经济学奖获得者的研究方向

自 2002 年丹尼尔·卡尼曼获奖后，21 世纪三位研究行为经济学的学者接连荣获诺贝尔经济学奖。

丹尼尔·卡尼曼因提出前景理论，于 2002 年荣获诺贝尔经济学奖，是第一位获诺贝尔经济学奖的行为经济学家。他的突出贡献在于"把心理学成果与经济学研究有效结合，解释了人类在不确定条件下如何做出判断和决策"。而阿莫斯·特沃斯基 1996 年逝世，故无缘 2002 年的诺贝尔经济学奖。

诺贝尔经济学奖获得者的研究方向

2002年

丹尼尔·卡尼曼

（参照第 10 页）

2013年

罗伯特·席勒

（1946—）

美国经济学家，耶鲁大学教授。因在著书中预测到即将到来的次贷危机而闻名。2013 年获诺贝尔经济学奖。

2017年

理查德·塞勒

（1946—）

美国行为经济学家，芝加哥大学教授。凭助推理论的相关研究而广为人知。行为经济学前沿研究第一人。2017年获诺贝尔经济学奖。

随后，2013 年，耶鲁大学教授罗伯特·席勒获诺贝尔经济学奖。获奖理由是：阐明了股票交易等金融市场的不确定性，是无法用理论预测的。2017 年，芝加哥大学的理查德·塞勒同获此奖。他提出了后文会介绍的"助推"等诸多行为经济学理论，受到世人的广泛认可。

助推理论是什么

助推是指在无形中引导特定的人或群体做出更加合理、正确的选择的行为。

严禁路边吸烟和未成年人吸烟！

这时，对方会作何反应呢？

我看了很多宣传，发现抽烟确实比想象中有害身体健康，说实话我也戒过烟。

混混头子

啊？真的吗！？

如果强制制止，对方会反抗。

给予对方自由的基础上，不加强制地引导，效果会更好。

这个近几年的热门事件也证明了强制是无用的。

☑ DJ警察

2013 年 6 月，日本足球队赢得巴西世界杯出场权，当天晚上球迷纷纷聚集在涩谷车站前的十字路口狂欢。面对人山人海，DJ 警察用巧妙的语气对人群进行疏导，最终平复了混乱局面。虽然我并不清楚这位警察内心的真实想法，但这件事的确反映了人如果不受强制，就不会反抗的心理。

理查德·塞勒教授

什么是行为经济学？

07

经济学家也在研究行为经济学？

行为经济学家三次荣获诺贝尔经济学奖，由此可见，行为经济学在世界范围内越来越引人注目。

近年来，研究行为经济学的经济学专家越来越多。现在很多年轻学者刚接触金融领域时，就从行为经济学学起，并努力发表更多的研究成果。另外，很多学习传统经济学的人，一直认为"我们都是理性的存在"，然而，被行为经济学的强大说服力感染后，也开始从事行为经济学的相关研究。此外，还有越来越多的大学在经济学院的课程里加入了行为经济学课程。

备受瞩目的行为经济学

能够解释周围经济现象的学科将来可能更有用处。

传统经济学课堂

虽然经济学有很多解释不了的问题，但还是有用的。

想听一听。

行为经济学好像也挺有趣的。

重视传统经济学的学者依然很多。

行为经济学最大的魅力就是容易让人信服。

行为经济学课堂

虽然没学过经济学，但这个内容似乎更有意思。

近年来，一开始就从行为经济学学起的人越来越多。

2004 年，日本为促进行为经济学的研究，举办了"行为经济学研讨会"。2007 年设立"行为经济学会"，邀请罗伯特·席勒等海外学者，积极开展了研究成果展示会和研讨会等活动。行为经济学能更好地解释我们的决策行为，所以这一需求的不断增加绝不只是一时的潮流，将来研究行为经济学的专家也会越来越多。

行为经济学在政策制定方面的应用

不仅是金融、营销领域，行为经济学在政治领域也备受瞩目。

医疗·健康

围绕医疗和国民健康维护等领域，日本等国都在推行运用行为经济学制定出的政策。（参见第 150 页至第 153 页）

环境·能源

该领域是继医疗·健康之后，备受期待的行为经济学应用领域。2017 年日本也成立了助推团队。（参见第 152 页至第 153 页）

安全

在建筑安全和防火防灾等，用建筑标准法等法律的强制手段已经难以保障安全的领域，也有望运用助推等行为经济学理论制定相关政策。

行政

行为经济学在行政领域的广泛应用同样备受瞩目。英国的助推理论应用实验证明了助推有利于纳税率的提高（参见第 154 页至第 155 页）。

哦！

要想当政治家，也得学习行为经济学。

08 行为经济学如何发挥作用？

心理变化有时是无意识的。行为经济学的作用就是将这些无意识的心理变化理论化。

行为经济学在思考我们的心理、情感如何影响判断，会引发何种行为等方面，有很大作用。不仅有利于分析个体，还有利于思考社会发展的趋势和变化。行为经济学是运用心理学的理论和知识进行阐释的。我们的心情不会永远不变，总会因为身边人的行为、天气、健康状况而不断变化。所以，行为经济学有利于分析人们短期内的行为和经济变化。

影响经济的情感

有时不同的心情可能会引发类似的行为……

好开心！

去吃好吃的吧。

好难过！

喝点酒吧。

真高兴！

试着去约她出来玩吧。

果然这家的小沙丁鱼最好吃！

明天又是新的开始，加油！

欢迎光临！

两位。

行 动 酒 吧

心＝心情的变化，并非总由我们的意志控制。有时即使我们留心注意，内心还是会擅自（无意识地）采取行动。就像我们一听到音乐就会不由自主地随之起舞。在经济活动中同样有这种现象。可以说，行为经济学最大的优势就在于可以解释短期内发生的经济变化。

所处的状况和环境也会影响经济

一般情况下，人们普遍认为，晴天时股市会呈上升趋势，阴天时走势低迷。

什么是行为经济学？

09

行为经济学对哪些工作有帮助？

与经济相关的事物都是行为经济学的研究对象，行为经济学理论在商业活动中发挥着举足轻重的作用。

　　如今，在商业活动中，越来越多的人考虑利用心理活动的相关知识，为人们提供更加满意的服务，以增加销售额。行为经济学的应用领域已经越来越多元，具体包括市场营销、策划和开发新产品、股票、外汇等金融市场的调查和交易等，应用范围在不断扩大。

应用范围越来越广的行为经济学

在政界，通过确保既得权益和利益引导来获取选票的行为饱受诟病。因此政治家们开始关注行为经济学方法论，助推就是新手段之一。

当今时代，经济学和行为经济学理论需要并驾齐驱。

公共事业的时代结束了。

行为经济学家三获诺贝尔奖，在此影响下，越来越多的大学将行为经济学纳入大学课程之中，学习行为经济学的学生不断增多。

行为经济学中没有确定的分析对象。人们与经济相关的判断、行为都可视为行为经济学的研究对象。可以说，如何应用这一理论，完全取决于调查者的判断。在市场营销、金融相关活动中，我们希望通过分析行为相关的数据，来找到一种模型，然后应用到工作中。但最重要的是调查的内容能否让大家理解。

一流的广告制作者不能不知道行为经济学。

你好，前辈。

销售也常常用到行为经济学。

那家拉面馆总是有很多人啊！

再也不要重蹈泡沫经济的覆辙了。

很多金融人士开始学习行为金融学，反思泡沫经济等。

在与各行各业都有关联的宣传和销售等商业活动中，行为经济学的重要性与日俱增。

最近这一带的地价暴涨了啊！

行为经济学是一个比较新兴的学科，因为具有实用性，所以在社会方方面面都得到了运用。

行为经济学可以清楚地解释泡沫经济的机制，所以对房地产投资业务也有所帮助。

什么是行为
经济学？

10

传统经济学就没有用武之地了吗？

在这个瞬息万变的时代，虽然很多人认识到了传统经济学的局限性，但是学习传统经济学理论对发展有很大帮助。

　　读了前面的内容，可能很多人会问：那传统经济学就没有用武之地了吗？其实并非如此，传统经济学也是非常有用的学问。如果你尝试用长远眼光来审视我们的生活、人生、社会变化以及行为的合理性的话会怎么样呢？你会发现，虽然我们有时会有一些奇怪的举动，但从长远来看，人不会永远如此，就像孩子长大成人后，就会明辨是非，慢慢做出合理的判断。

传统经济学与行为经济学

从短期来看，我们有时会有一些不理智的举动。受到眼前诱惑的驱使，学习效应会大打折扣。但从长远来看，学习效应还是会逐渐发挥作用，所以我们的理性行为也会增加。

刚开始上班的年轻人即使第二天还要上班，也会想着"哎，管他呢"，一周去参加很多次聚会，不懂节制。

还是新人的时候，工作和生活上往往不如意，还总遭上司训斥。即使过几天堕落的生活，因为身强体壮，所以很难自我反省。

今天干一杯！
明天也干一杯！

虽然明天还要上班，哎，管他呢。

对不起！

在思考短期变化时，行为经济学更有用。

职场新人

很多人年轻时生活随心所欲，经常跳槽，也经常做出一些不合常理的决定。行为经济学理论在解释这些短期变化时很有效。

类似"冲动"之类的情绪，我们往往很容易受情感的驱使做出判断，这往往会影响短期内的经济变化。在金融市场上，人们每一天的行为都影响着股价。但是，随着时间的流逝，我们会恢复冷静，采取理性的行为。以理性经济人为前提的传统经济学把握的便是长期的经济变化。所以，我们可以在考虑短期变化时，运用行为经济学，考虑长期趋势时，运用传统经济学。

到 40 多岁时，肩负的责任增加，人们也开始注意健康。这就意味着，比起年轻时，此时人们更倾向于采取理性行为。如此看来，传统经济学的长期均衡理论对于解释长远变化很有帮助。

再不改善生活就……

股长。

嗯嗯。

体检报告

5 年、10 年过去后，随着业务责任的增加，越来越多的人会考虑改变从前的生活方式。

40 岁之后，根据体检结果，很多人会被医生要求复查。这时人们终于意识到"这样下去可不行"，于是开始认真地对待生活。

从长远来看，传统经济学的说服力更强。

如何学习行为经济学呢？

　　如果大家想学行为经济学，一定要把这本书认真地多读几遍。接下来，我会通过一些具体案例和大家一起思考我们的心理活动（情感、喜好等）会给判断和决策带来哪些影响。

　　例如，为什么经济景气，贵的东西就卖得好。我们的心理活动对当时的经济有着不可忽视的影响。其实很多经济学家都是基于对身边事情的疑问和好奇心而研究出行为经济学理论的。所以也请大家读完这本书后，尝试着思考一下自己的行为和社会发展的趋势。

　　如果大家想更加深入地了解行为经济学超高的说服力，我建议大家好好学习一下传统经济学的知识。在此基础上，思考现实社会中已经产生的或正在酝酿的发展趋势，你将会感到自己的人生变得更加丰富而充实。

2

经济学家的
深刻反思

传统经济学有一个前提条件，认为人总是理性的。然而，在这一前提下，很难解释清楚所有复杂的经济现象。

我们未必总是理性的

传统经济学有一个前提，即我们总是为了自己的利益而采取行动，因此人类是理性的。然而事实并非总是如此。

本章将分析传统经济学是如何理解"人"的。传统经济学是在一个前提下进行研究的。这个前提就是"我们不会被感情左右，只为个人利益而行动，是非常理性的"。这就是"理性经济人"。

什么是理性经济人

我们不是超人，不一定总能如下图一样，保持理性。

完全的个人（利己）主义

知识渊博（无所不知）

总能做出理性的判断

总是保持冷静透彻

完美人？

站在后面很危险哦！

每天我们都会做出一些傻事，有着一些不合逻辑的、奇怪的行为，这就是真实的人。一旦我们开始分析每个人的喜好、习惯、情感，就很难找到他们的共同之处，总结出与经济相关的规律。因此，传统经济学就设置了一个前提条件，把所有人都看作理性经济人。

我们未必总是理性的

● 如果我们都是理性经济人的话……

● 然而，真实的我们是……

解释我们的真面目

我们时而理性，时而不理性。这既是事实，也是行为经济学的学科基础。

　　如果我们设置一个前提，把所有人都视为理性经济人，就会很容易创造一些具有普遍适用性的理论。从长远来看，我们确实是理性的，这个前提并不奇怪。然而，正是因为设置了这一前提，所以传统经济学很难反映出我们的"真实感受"或"直觉"。可能这也是导致我们认为"经济学很深奥很难懂"的原因之一。

传统经济学家的困惑

传统经济学中理性经济人并不是我们真实的样子。

话说人也没有那么理性啊。

不过从长远来看人确实也有理性的一面。

总觉得可能还是有点脱离人的真实感受啊。

如果普通人看不懂我的解释，可能也没有什么意义。

传统经济学家

很多人都在不断反思，努力使传统经济学理论更加接近现实情况，由此促进了行为经济学理论的发展。解释我们的"真面目"，其实就是探索符合人类真实感受的理论。如果利用行为经济学理论来重新审视我们每天所做的决定，就能够如实地分析并理解我们做出某些决策的原因。

对经济学的反思促进了行为经济学的发展

为了解释我们的真面目，经济学走进了人的内心世界。

经济学家的
深刻反思

03 人类未必总会采取合乎规范的行为

人类容易受到诱惑，是一种脆弱的生物。因此，我们常常做出一些不理智的举动。

回顾我们短期内做出的判断或采取的行动，会发现我们无法一直保持理性，这与传统经济学的构想有所不同。在大学课堂上，不少学生容易受到瞌睡虫的诱惑，而无法集中注意力。但他们的目标却是好好学习，提升能力。对于这一目标而言，他们的行为是不理智的。从长远角度来看，因为学习效应会发挥作用，所以人们会逐渐改正那些不理智的行为，朝着正确的方向前进。

人会做出一些不可思议的事

人都有七情六欲，即使知道是不理智的，还是难以抵制诱惑。

他怎么来学校睡觉？哎，算了，反正是别人的事，无所谓。

我也好困。

理性经济人

人们常常说，"当时要是没那样做就好了"。明明知道将来会后悔，遇到诱惑时，人们还会上钩。人的内心是很脆弱的。就算我们当时拒绝了所有的诱惑，也许还是会留有遗憾。一味地追求眼前的利益，也终会后悔。可以说，这就是人的本性。人们会经常做一些不理智的事情，比如通宵打麻将、通宵唱卡拉OK、过量饮酒等。

人们总是容易追求眼前的利益

04

经济学家的
深刻反思

思维方式不同导致行为不同

每个人都有不同的思维方式和喜好，每一种心理活动都影响着经济。

纵观全世界，每个人都有自己的思维方式，人们为了满足自己的需求，努力工作，进行着各种各样的交易。虽然我不玩电子游戏，但喜欢玩游戏的大有人在，所以像"任天堂"这样的游戏机才会畅销。这里面暗含了一个很重要的道理，即只要能够提供大家都"想要的"商品，就能获得收益。

人们的需求多种多样

红酒还是波尔多的最好。

人们的喜好多种多样。而且，商品不同，受欢迎的程度也不同。

给，你的生日礼物。

哇！是任天堂游戏机！

终于得到这个珍贵的邮票了。

我只要拥有财富和健康就够了。

所有人都平等地享有相同的信息，所有的信息都反映在股价和物价上。这就是传统经济学设想的世界。如果每个人拥有信息的数量和质量都没有差别的话，交易反而无法成立吧。或许正因为每个人有着不同的想法，所以才会进行交易，发现商品的价值，促进经济的发展。人们"想要""羡慕""想赚钱"的心情影响着经济的发展。

传统经济学设想的世界

给我一条所有地方都卖700日元的青花鱼。

好！不还价的。

黄瓜一律一根100日元哦。不能再便宜了哦。

鱼铺

蔬菜店

我知道的。

TOYOKI

那就买这辆哪里都卖500万日元的轿车吧。

已经是开了五年的二手车了，这辆普锐斯值150万日元吧。

在哪里买都是这个价。你需要贷款吗？

这正是理想之地，一切都高效而均衡。

啊！猫把价值700日元的青花鱼叼走了。

在传统经济学设想的世界里，每个人都掌握所有的信息，所以商品价格是统一的，没有讨价还价。

经济学家的
深刻反思

05

开始质疑经济学思维的学者

传统经济学放弃了对不合理现象的解释。如今，对传统经济学的反思已经在行为经济学上得到了体现。

在传统经济学中，还设置了另一个前提，即市场是高效的。也就是说，股价能充分反映影响公司发展的一切信息。一家公司的股价（或商品的价格）只有一个（一物一价法则）。然而实际上，一旦出现需求，股价就会出现很大波动。大阪证券交易所和东京证券交易所就时常出现股价不一致的情况。由此可见，金融市场未必总是高效的。

什么是一物一价法则

在完全竞争的条件下，同一时间、同一市场、同一商品只应有一个价格。但该法则在现实生活中行不通。

安田黄瓜店

请给我两根。

你们比对面那家店贵10日元啊！

高根黄瓜店

黄瓜一根 50日元

谢谢光临！

黄瓜一根 60日元

那我们也得降价出售了。

请给我四根。

买三根回去吧！

我的世界里商品价格都是一样的。

传统经济学的问题在于没有解释不合逻辑的经济现象。这些经济学家为了研究方便，笼统地表示"可能也会出现不同时间、不同地点、不同市场，股价不同等违背常理的现象，但我们不考虑这些问题。从长远来看，人们的行为是符合逻辑的"。他们不对自己的理论进行修改，每当出现特殊情况（反常现象、意外现象）时，总是敷衍过去。对传统经济学的反思促进了经济学理论的进一步发展。

人为什么会采取非理性行为

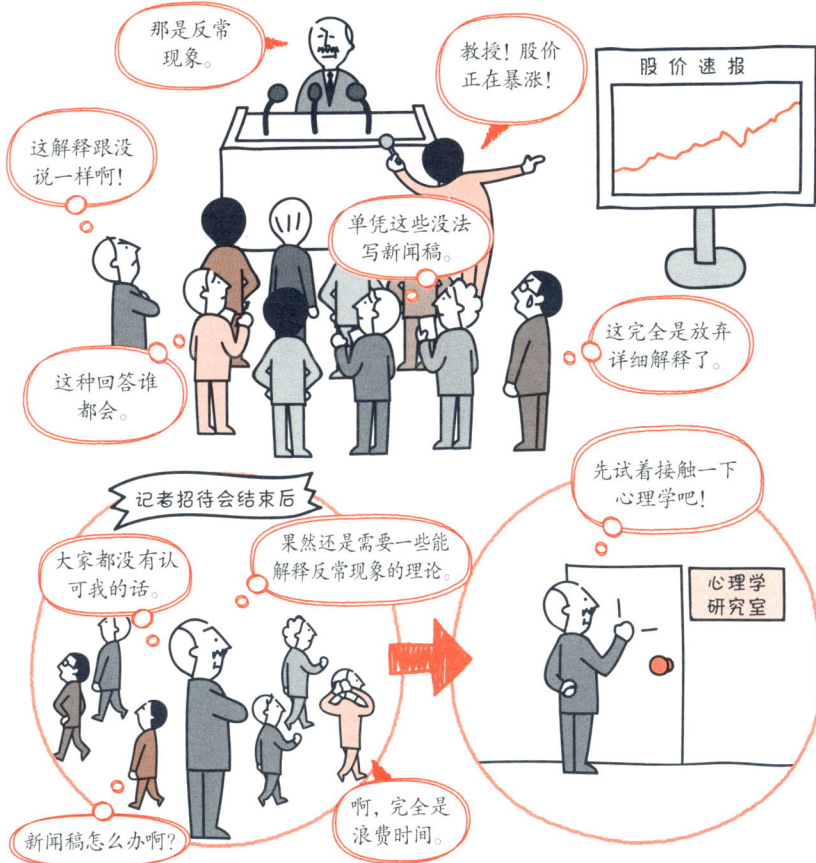

经济学家的
深刻反思

06

人们拥有的信息都存在偏差

传统经济学假定每个人都拥有所有知识。然而，实际上大家并非都拥有等量的信息。

　　信息的不对称性是经济学家通过反思得出的一种比较新的理论，是指有的人拥有很多有用信息，有人却没有。例如，对于企业内有关新产品或丑闻等内部的信息，如果不是特殊岗位的负责人或员工就不会知道，这叫作"内部信息"。内部员工掌握着公司机密，而普通人并不知情。这样信息就出现了偏差。

信息的不对称性是指什么

发动机很干净，汽车架也没生锈，我竟然能淘到这么好的车！

如果是新车

因为新车的质量和性能等信息都写在目录上，所以可以说信息对于买方和卖方是对称的。

和新车一模一样哦！

经销商以相当于白送的价格买入

签订合同

1年 2年 3年 4年 5年

因为台风被水淹没。

如果是二手车

关于决定价格的质量，如使用时长、损耗老化的程度等，买方与卖方拥有的信息是"不对称"的。

这是二手车市场的一个例子。卖方（经销商）掌握着二手车的所有信息，包括一切看不见的信息，比如，被水淹过、发动机内部有瑕疵等。而顾客却没有这些信息。这就是信息的不对称性。如果这种情况继续下去，买家会开始担心"经销商可能蒙骗消费者"。如果不消除信息的不对称性，市场就很有可能消失。

信息的不对称性可能带来一些危害

● 逆向选择权。

如果以无差别的工资进行招聘，那么很有可能导致应聘者里没有有才之人，净是无才之人。

招聘
招募员工
月薪 25 万日元

（普通人）

（有才之人）

请雇用我吧。虽然我什么也不会。

工资太低了。

风前社

（无才之人）

（全部是普通人或没有才能的人）

嗯，还行吧！

挺好的嘛！

● 道德风险。

是道德缺失的表现，比如投汽车保险。有报告显示，越来越多的驾驶员投了保险，反而弱化了风险规避意识，酿成更多交通事故。

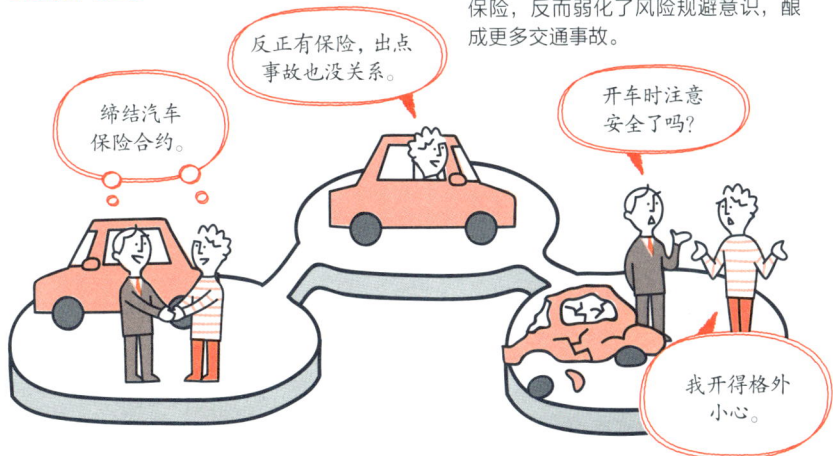

反正有保险，出点事故也没关系。

缔结汽车保险合约。

开车时注意安全了吗？

我开得格外小心。

经济学家的深刻反思

07

影响经济的心理活动

我们经常说"经济景气"或"经济不景气",其实我们的"内心"就在影响着经济状况。

"景气"里有一个"气"字。景气指的是社会大范围的经济状态,如果GDP(国内生产总值)呈现正增长(经济增长),就是经济景气;相反,如果是负增长,就是不景气。如果经济实现增长,我们的"心情"自然会变得很轻松。于是,人们会产生想要冒险的心理,导致股价的上涨。

如果经济不景气

如果人们感到经济不景气,便会减少消费,因此经济会变得更加不景气。

最近晚餐点高级红酒的人变少了啊。

还不知以后会怎样,比起买东西,还是先存钱吧。

既然经济不景气,我还是回家小酌一杯吧!

不景气小镇

用散步代替去健身房锻炼。

不行哦,打针什么的还要花钱。

还是先不换新车了。

妈妈,我想养猫。

餐厅静

沉降堂

景气源于气，我们的心理状态对经济发展有着不可忽视的影响。如果家里只有自己一个人，没有交流的对象，我们难以情绪高涨。这样的话，我们也就不想花钱去玩。如果这类人不断增加，会导致经济活动缺乏活力，停滞不前。与此相对，如果大家高高兴兴地出门吃饭、购物，大方花钱的话，将为经济发展带来活力。

如果经济景气

如果人们感到经济景气，消费会变得活跃，经济会变得更加景气。

经济学家的
深刻反思

08

荣获搞笑诺贝尔奖的行为经济学家的研究

行为经济学家丹·艾瑞里教授的研究表明，好的心情能改善身体状况。

"心情"的"心"字经常用在很多地方，比如"病从心起"说的就是心情会影响人的身体状况。有一位专家专门从事"病从心起"的相关研究，他就是杜克大学的丹·艾瑞里教授。丹·艾瑞里教授做了一个调查：同一种药因购买的价格不同，人是否会感受到不同的效果。另外，他还表示即使是同品牌的功能饮料，对于低价买入的消费者和正价买入的消费者而言，效果也会有所不同。

丹·艾瑞里教授的研究

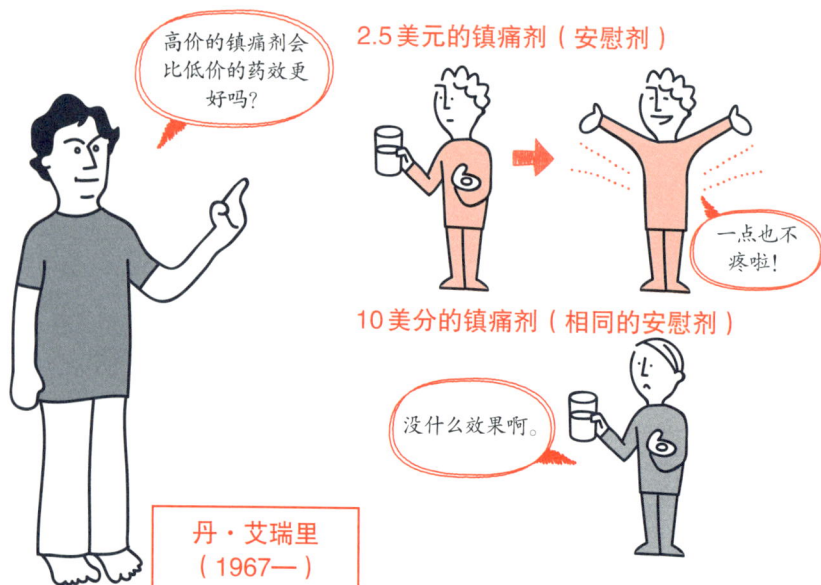

高价的镇痛剂会比低价的药效更好吗？

2.5 美元的镇痛剂（安慰剂）

一点也不疼啦！

10 美分的镇痛剂（相同的安慰剂）

没什么效果啊。

丹·艾瑞里
（1967—）

以色列行为经济学家、杜克大学教授。因 2014 年参加日本 NHK 教育频道"金钱、感情和决策的白热化教室"电视节目，红极一时。

这就是有关"安慰剂效应"的研究。如果我们对安慰剂（没有药效的药）的药效深信不疑，我们的病痛就能得到治愈。2008年丹·艾瑞里教授提出的安慰剂效应受到世人认可，他也因此荣获搞笑诺贝尔奖。其实在医学领域也证明了人的心理活动与疾病之间的关系，比如笑可以提高免疫力等。景气源于气，疾病由心生，也许稍微改变一下自己的情绪，我们的人生就会发生翻天覆地的变化。

与疾病相同，景气与否取决于人的心情

不论是否真正景气，只要人们认为"经济景气"，就会增加消费，经济情况也会越来越好。

经济学家的
深刻反思

09

需求的多个层次

我们的需求有多个层次。美国心理学家马斯洛将人的需求分为五个层次。

人都有各种各样的欲望，这些欲望是无穷无尽的。比如，控制饮食，肚子饿了就想吃点什么，想找点存在感等都是人们的欲望。在经济方面，追求利益的心情 = 对财富的欲望，就是经济活动的动力。这就是追求成功和利益的"动物精神（勇气、雄心）"。

马斯洛的需求层次理论

马斯洛将人类需求像金字塔一样从低到高分为五个层次。他指出，低层次的需求被满足之后，人们会追求更高层次的需求。

在家的时候最安心。

吃饱恢复精力了。

②安全需求

①生理需求

人的需求有多个层次。美国心理学家马斯洛将我们的需求分为五个层次，这就是"需求层次理论"。根据马斯洛的研究可知，人们按照生理需求（呼吸、食物）、安全需求（人身安全保障、工作职位保障）、社交需求（友情、亲情）、尊重需求（自我尊重、被他人尊重）、自我实现需求的顺序，不断追求更高的需求。通常，社会发展程度越高，人们对更高层次的需求也越强烈。

让我们用自己的知识和技术为社会做出更多贡献吧！

部长，我明白了。

⑤自我实现需求

终于走到这一步了……

和家人在一起的时候最幸福了。

④尊重需求

你小子很能干啊！

彼此彼此。

③社交需求

one point

超越需求

马斯洛晚年将最高层次的"自我实现需求"细分为"非超越需求"和"超越需求"两个层次。自我超越是指人只关注实现目标，忘我地追求目标的状态。

经济学家的
深刻反思

10 行为金融学属于什么领域?

行为金融学是行为经济学的一个分支,可以解释"泡沫经济"等传统经济学解释不通的经济现象。

行为金融学是行为经济学的一个分支。行为金融学关注实际活跃在金融市场上的人,通过研究这些人的心理状况,根据实际情况,分析股价走势或金融市场的动向等。而金融理论是传统经济学的一个分支,它设置了一个前提,认为市场是有效的,投资者(人们)都是理性的。但行为金融学却没有设置这样的前提。

行为金融学的地位

前景理论是行为经济学和行为金融学的中心理论。

行为经济学利用心理学等理论,分析人的决策等行为。

行为金融学尝试解释金融市场上的各种事件,是行为经济学的一个分支。

前景理论

行为金融学

行为经济学

如果我们用行为金融学思维思考问题，放弃过去的金融理论，就能合理地解释"反常现象"。例如，对于IT等行业的泡沫经济现象，过去只是简单地认为这是"不可能的"，只是"暂时的反常现象"。然而，通过行为金融学，我们就可以运用心理学知识直击泡沫经济现象，分析投资者购买股票时的心理活动。此外，学习行为金融学对个体的投资也有帮助。

传统金融理论和行为金融学理论

传统金融科

· 假定人都是理性经济人。
· 理论上不会存在泡沫。
· 长期均衡理论。

和预期一样，圆满完成。

行为金融科

不好意思，我弄错了。

我们科理论上不可能出错。

对不起，是我们公司的预测失误。

股价按照公允价值※波动。

股票走向很奇怪啊！

从长远来看我们科是更有效的。

很难用传统经济学解释短期股价的变化。

· 人也是会出错的。因此人的经济活动未必总是合理的。
· 不正常的股价走向（泡沫经济等）也是可能的。
· 适合解释短期变化。

※ 公允价值：理论上大家认为公平的价值。

经济学也要做实验，
是真的吗？

　　经济学中也会召集参与人（受试者）进行实验，研究人的心理活动如何影响我们的行为。这就是"实验经济学"。比如，我们可以在电脑上建立一个虚拟的金融市场，通过实际调查损益情况和信息量，了解参与人的投资受到哪些因素的影响。当然，人们还通过实验来解释其他各种经济行为。

　　1948 年哈佛大学爱德华·钱柏林发表了论文《基于实验的不完全市场》（An Experimental Imperfect Market）。2002 年加利福尼亚查普曼大学的弗农·史密斯教授因推动了实验经济学理论的发展，荣获诺贝尔经济学奖。因此，越来越多的实验改变了过去的前提，采用了新的思维方式，在某种意义上，这似乎也成为必然。

3

行为经济学
入门

人们在思考时，总是不知不觉地陷入
思维定势。本章讲解行为经济学的基
础理论和人们非理性决策的过程。

行为经济学入门

01 影响决策的直觉

我们有时会凭借直觉，从总体上把握事物，从而做出决定。
行为经济学将这种现象称为"经验法则"。

　　经验法则指的是把握事物的大概或凭借直觉理解事物。换句话说就是，稍加思考，就想立刻得出结论。我们来举个例子，假如有人问你"日本上班族的平均收入是多少"，你可能想起最近新闻里说是 400 万日元，于是就会根据这个记忆进行回答（2016 年民间工资实情统计调查显示日本上班族的平均工资是 421.6 万日元）。这就是经验法则。

把复杂信息简单化的心理活动

这些图形的相同点是什么？请在一秒内做出回答。

嗯，好像都是圆的。

虽然白板上画有空心圆、横椭圆、竖椭圆等多种形状的图形，但如果只看一秒的话，只会记得"都是与圆形相关的图形"这一相同点。这就是经验法则。

经验法则是指用自己的方式理解某些信息或用这些信息对外界做出判断时，不经过长时间的慎重思考，只凭借"直觉"把握大概，做出决策的心理活动。这一现象也常出现在投资活动中，比如有些投资者听到河流、桥、道路受到强台风影响的新闻，就会闻风而动，立刻购买建筑行业的股票。

日常生活中有关经验法则的例子

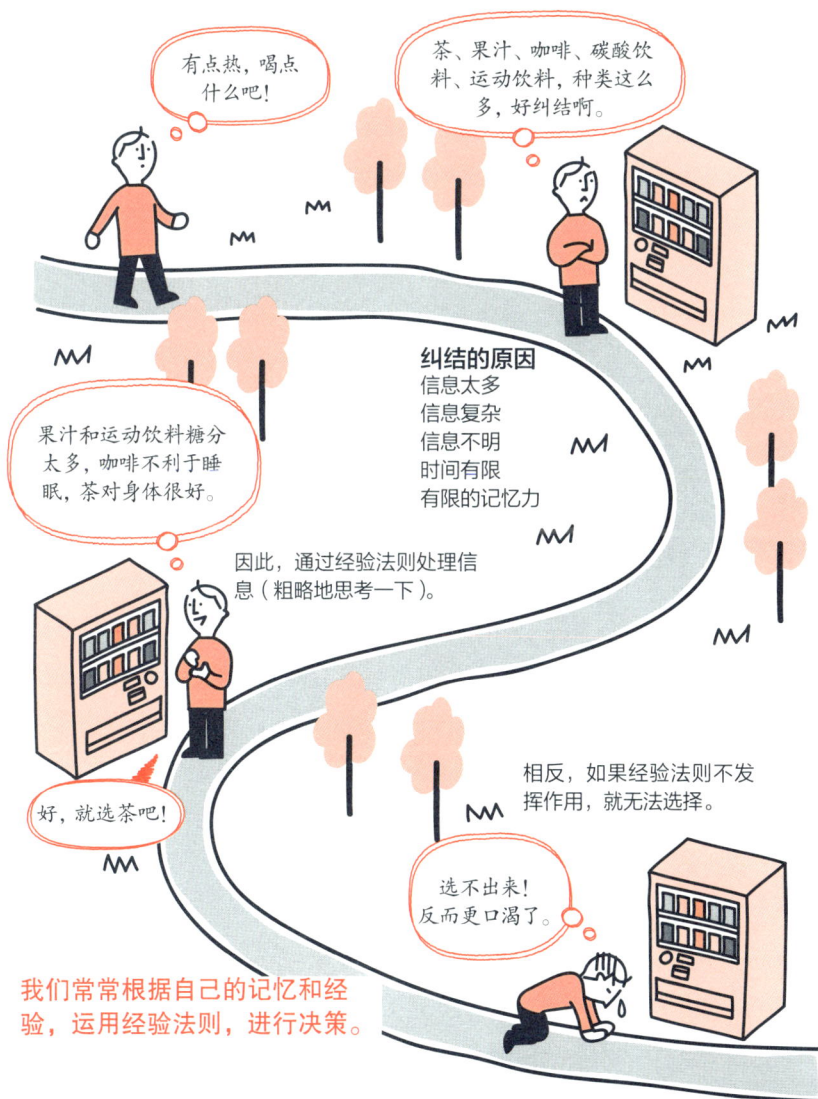

有点热，喝点什么吧！

茶、果汁、咖啡、碳酸饮料、运动饮料，种类这么多，好纠结啊。

果汁和运动饮料糖分太多，咖啡不利于睡眠，茶对身体很好。

纠结的原因
信息太多
信息复杂
信息不明
时间有限
有限的记忆力

因此，通过经验法则处理信息（粗略地思考一下）。

好，就选茶吧！

相反，如果经验法则不发挥作用，就无法选择。

选不出来！
反而更口渴了。

我们常常根据自己的记忆和经验，运用经验法则，进行决策。

行为经济学入门

02

凡事简单化思考很重要

经验法则包括很多种类，把握信息的大概叫作简单化的经验法则。

我们在理解和处理信息时，总是不由自主地将复杂的内容简单化，由此进行决策。四舍五入就是一个很好的例子。因为四舍五入会忽略小数点后的数字。比如 2018 年日本的年度预算是 977128 亿日元，而我们却会说"预算大概是 98 万亿日元"，这就是简单化经验法则。

将复杂信息简单化的例子

2017 年日本的人口是如图所示，但一般情况下，我们只要记住大约是 1.27 亿就够了。这也是简单化经验法则的一个例子。

日本人口数是 126,706,210
（截止到 2017 年 / 根据总务省统计局人口测算）

日本大概有 1.27亿人！

然而，当我们将事物简单化，并进行最终决策时，会发现我们并不知道到底哪个信息能派上用场，绞尽脑汁也难得结果。虽说简单化经验法则确实是我们进行合理判断的方法之一，但未必总是正确。为防止判断失误，我们必须冷静地思考真正重要的因素。

重要因素与非重要因素

当我们做决定时，必须分清重要因素与非重要因素。

职业棒球运动员选拔测试

选手A
20 岁
击中率 0.31

选手B
24 岁
击中率 0.32

选手C
27 岁
击中率 0.35

选哪位选手进入职业棒球队呢？

虽然A最年轻，但是C的击打率最高。可C年龄又最大。折中一下选B？嗯，不知道选哪个好了。

最重要的是未来的潜力，就选A！

有时我们会因为简单化，反而看不清真正重要的信息。因此，明确决策目的，认清真正重要的因素才是最重要的。

行为经济学入门

03

影响决策的信息的可利用性

信息的可利用性分为两种，一种是物理上的可利用性，另一种是认知上的可利用性。

毫无疑问，我们是依靠信息进行决策的。信息的可利用性越高，越容易获得过高评价。这就是信息的可利用性。物理上的可利用性高的信息包括从报纸、杂志、电视、网络等上面获得的信息。这些信息是所有人都能够获得的信息。另外，有时我们的认知也影响着信息的可利用性。大家一定很容易想起来记忆犹新的信息或最近得知的信息吧。这叫作认知上的可利用性。

信息的可利用性的两种情况

● 物理上的可利用性。

标准

在物理上可以得到或容易获取的信息。

例子

网站主页刊登的信息。通过报纸、电视、杂志等获得的信息。对每个人来说获取可能性都差不多的信息。

● 认知上的可利用性。

日本闯进世界杯十六强了，对吧！

日韩对决那次日本怎么样来着……想不起来了。

标准

自己头脑中印象深刻、记忆犹新的信息或最近获得的信息等。

例子

每个人的记忆或知识。人们在做决策时，经常依赖的记忆中的信息。

对于认知上的可利用性，我们很容易受到"情绪"的影响。神清气爽时，我们很容易想起积极的信息。相反，身体不适、闷闷不乐时，心情也会变得很沉重。因此，我们利用信息时，很容易受当时的环境或情绪左右。所以，我们不一定总能做出正确而合理的决定。

重在思考哪些是必要信息

不可能所有人都能平等地利用所有信息。获取信息时也有很多限制。

● 投资者。

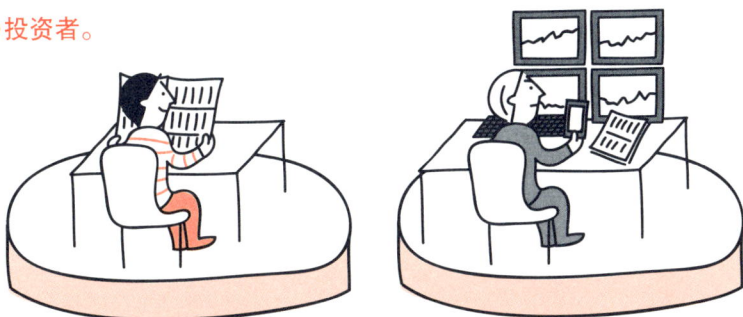

很多投资者或基金管理人会使用手机软件或交易桌随时随地观察市场行情。能否做到这一点，人与人之间存在很大差异。况且这也需要投入很大一笔钱。

● 企业。

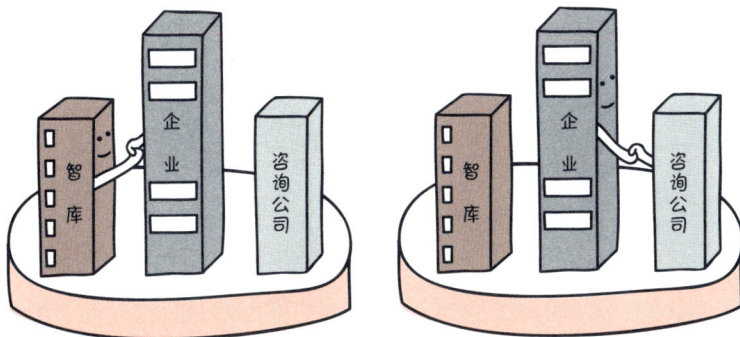

企业用于调查的预算也是有限的。虽说可以和智库（综合研究所）或咨询公司签约合作，但也不可能和世上所有的调查公司签约。而且每个调查公司的能力和突出领域也各不相同。因此，我们需要冷静地思考哪些信息才是必要信息，这很重要。

04

希望从现有事物中发现巨大价值的心理

我们都有一种希望维持现状，而不愿挑战新事物的心理倾向。这被称作现状偏差。

现状偏差是指一种希望所有事物都能保持现状的倾向。我们常常小看那些过去没有的新做法，即使它能给我们带来更大的满足感或经济价值。换句话说，我们更加关注新的做法会给我们带来的不利影响，心想"按照一直以来的做法明明很顺利，为什么还要变呢"，也就是说希望昨天、今天、明天都能一直坚持同样的做法。

人人希望维持现状

人人都有维持现状的倾向。选择与以往不同的情况可能会带来不安或压力，想要规避这种不安或压力的心理正是这一倾向产生的背景。（损失规避）

虽然右边可能是近道，但是没有走过。似乎也很难转弯，要是速度慢了反而更花时间。算了吧。

没走过左边的路，还是走熟悉的路吧。

可能景色很美

可能是近道

人们如果改变现在的行为方式或思维方式，就会感到心理压力（损失规避）。因此会优先采取熟悉的、不太抵触的行为方式。然而这种行为方式未必总是合理的。

果然还是一直走的这条路最好。熟悉=很少有不安、压力、违和感。

比如，日本电机制造商之所以竞争力下降，就是因为沉迷于过去的成功经验，固执地认为只要制造与过去规格相同的产品就万事大吉了。此外，在现状偏差的影响下，人们总是习惯使用某些特定的品牌，比如每次都喝同一品牌的啤酒就是一个很好的例子。于是，现状偏差在营销过程中也得到了充分的利用。

每天到处都是维持现状偏好的陷阱

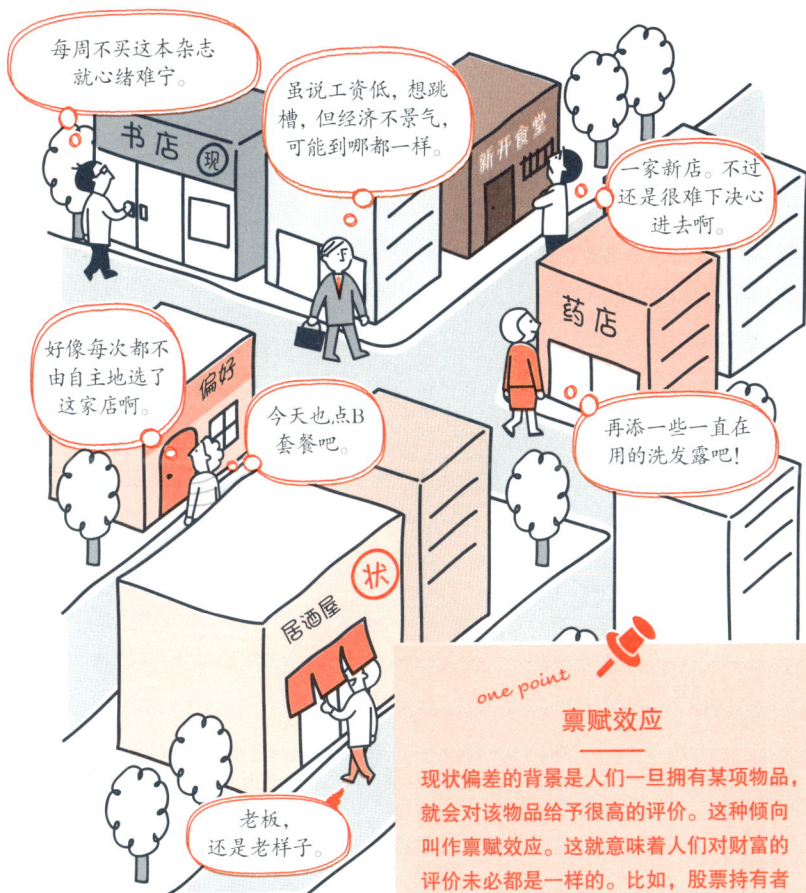

每周不买这本杂志就心绪难宁。

虽说工资低，想跳槽，但经济不景气，可能到哪都一样。

一家新店。不过还是很难下决心进去啊。

好像每次都不由自主地选了这家店啊。

今天也点B套餐吧。

再添一些一直在用的洗发露吧！

老板，还是老样子。

one point

禀赋效应

现状偏差的背景是人们一旦拥有某项物品，就会对该物品给予很高的评价。这种倾向叫作禀赋效应。这就意味着人们对财富的评价未必都是一样的。比如，股票持有者总希望以高于购买者预期的价格卖出股票就是一个很好的例子。

总之，我们都想规避损失，这是人之常情。也正是这一点导致我们产生总想优先维持现状的心理活动。

行为经济学入门

05

以貌取人是真的吗？

我们很容易凭借第一印象进行判断，这种心理倾向被称为"首因效应"。

过去我听说过"以貌取人"这个词，确实感觉这种情况经常出现。比如，如果有个人笑眯眯的，我们就很容易认为这个人应该是好人。相反，如果有个人凶神恶煞的，我们就会觉得他看上去很恐怖，和他说话时也会变得战战兢兢。这就告诉我们"一瞬间"的印象有可能给我们的认知带来决定性的影响。这就是首因效应。

外表很重要是真的吗

我们的外表深深地影响着我们给人的第一印象。

"三岁看到老"这个谚语讲的就是首因效应。小时候的经历、生活环境会影响人的性格，这种性格会伴随一生。性格一旦确立，便很难改变。因此，人们普遍认为最先进入大脑的信息多会保留下来，如果将大脑的信息按时间先后排序的话，最初获得的信息有时会发挥更加重要的作用。

人们很容易受到最先获得的信息的影响

小A，你将来是要当政治家的。

12 年后

我是当选本届学生会长的小A。我要在本校进行改革!

幼年时期的环境和输入大脑的信息影响着人们性格的形成。

那是松茸，非常难吃哦。

妈妈那是什么?

10 年后

我觉得松茸看起来很难吃。

那些松茸看起来好好吃。

原来不好吃啊!

比起后来的信息，最先输入大脑的信息更容易对人产生较大影响。

55

行为经济学
入门
06

考得不好时，如何向父亲汇报？

传达好消息和坏消息的先后顺序不同，对方的感受也会有很大差异。

首因效应，是指最先听到的信息对我们的判断和决策有更大的影响。我们来思考一个常见的例子，小学生小勉参加了学校的考试，数学考了80分，语文考了55分。之前父亲对他说"这次考好了爸爸给你买玩具"。那么，怎样汇报才能得到玩具呢？

听到信息的先后顺序不同留下的印象也会不同

他虽然性格不太好，但是很优秀。

哦，原来他性格不好啊！

优秀　　性格不好

他虽然很优秀，但是性格不太好。

哦，原来他很优秀啊！

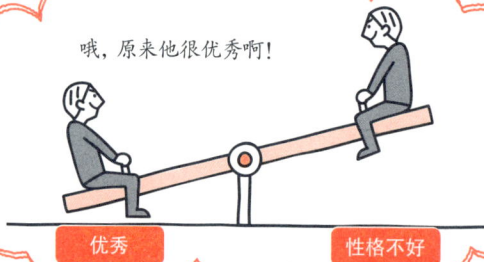

优秀　　性格不好

按照首因效应的经验法则，小勉应该这样汇报："考数学时我非常认真，所以考了 80 分。大家都说这次数学很难。虽然语文我也很努力了，但是因为平时用在学习数学上的时间太多，所以语文考了 55 分。不过也达到了这次的平均分。"这样说的话肯定会受到父亲满意的夸奖吧。相反，如果先说"考语文时，我虽然很努力了，但是只考了 55 分"，父亲可能会火冒三丈吧。

影响决策的首因效应

先给爸妈看哪科的成绩呢？

出发

考了 80 分哦。

哇！

不过这科是 55 分。

终点

没事，下次加油。

我考了 55 分。

什么！

不过这科我考了 80 分哦。

终点

这是两码事！

如何向社长汇报公司的业绩？

出发

销售额在不断增加。

哇！

但利润率在不断下降。

终点

没事，继续加油吧。

利润率在不断下降。

什么！

但销售额在不断增加。

终点

这样下去可不行啊！

虽然冷静思考一下，会发现两者毫无区别，但首因效应确实会影响人对事物的印象。

57

行为经济学入门

07 最新信息会影响决策

有时越是最新的信息，越能给人留下深刻印象。这种现象与首因效应恰恰相反，被称为"近因效应"。

后来出现的或最新的信息往往给人留下清晰的印象，这种情况很常见，与首因效应正相反。比如，我们虽然很难想起小时候做了些什么，但能清楚地记得最近做的事情，相信很多人都有这样的感受。我们总能轻易地想起最近的事情，但很难回忆起过去的事情。这就是近因效应。

日常生活中的近因效应

人们在做判断时，有时会受到最后出现的信息，也就是最新信息的影响。

电影院

> 虽然刚开始有点无聊，但还是一部好电影。

> 这部电影的结局很好啊！

> 明天改乘新干线去，不坐飞机了。

餐厅

> 没事没事，没关系的。

> 非常抱歉这么晚才给您送来饭菜。

> 反而给人留下了好印象。

音乐比赛会场

> 看了这么多，只记住了最后一个人。

我们在考试前用单词本背英语单词时，虽然记得最后的几个单词，却很难想起最初背的单词，这也是近因效应的一个例子。此外，考试前临阵磨枪，取得好成绩，这也是近因效应在发挥作用。由此可知，最近获得的信息和学习的内容更容易给我们留下深刻的印象，会对我们的决策产生一定影响。

最新信息影响决策

小A很纠结到底买不买这款新型轿车。于是他详细地调查了该车发动机的燃油效率、行驶性能、与旧式轿车或其他厂家同类轿车的区别。

查过之后，感觉这款新车挺不错的。
再看一下它的口碑评价。

原来这辆车的设计不是面向年轻人的啊。可能评价不太好。

再看一下其他网站。

最新评价

① ② ③

喵

行驶功能最好！

果然评价还是挺好的。

小A每看一个网站，对新车的评价就会有所动摇。这正是因为最新的信息影响了他的判断。这同样是"近因效应"的一个例子。

为什么人总是追赶潮流?

比起单独一个人,有很多同伴时,人们更易获得安全感。社会潮流的背后就是羊群效应(从众心理)在发挥作用。

羊群效应是指人们不愿单独行动,而倾向于集体行动的心理所引起的现象,也叫作从众心理。比如,有30多只羊在路上缓缓前进,来到Y字路口时,一只羊慢慢走向右边的道路,受此影响,其余的羊也紧随其后。其实不仅是动物,人类也具有同样的倾向,比起单独行动,和其他同伴共同行动,更易获得安全感。

人和羊是一样的吗

虽然左边也有路,但是小羊们还是愿意跟着领头羊啊。

■ 我们喜欢成群结队
跟随领头羊一起行动是羊群的生活习性。人也具有这种心理倾向。

我不知道为什么一只羊向右拐，剩下的羊也紧随其后。但与此类似的是，我们一旦受到大多数人的影响，就会在不知不觉中卷入他们的潮流。成群结队会给人带来安全感。过去，"宠物蛋"游戏机曾一度受到孩子们的欢迎。当时，很多孩子说，因为大家都有，所以我也想要。这就是从众心理的表现。

潮流背后是羊群效应

这个发型很流行啊，我也想要。

最近班里很多同学都是那个发型，要不我也试试？

于是留这个发型的人在班里占到一半。

玩偶A不太可爱啊。B不好吗？

玩具店

可是A很流行，我要A！大家都说它丑萌丑萌的。

在羊群效应的影响下，人们有时会做出一些非理性的决定。

行为经济学
入门

09

"披萨说十次"的原理是什么？

我们得到的第一信息就像沉入海底的锚一样，常常左右着我们的心理活动。这被称为沉锚效应。

在海上停船时，为了不被海流冲走，人们往往会将锚抛入海底。同样，在人的心里，最初得到的有用信息常常像锚一样左右着我们的心理活动。这就是沉锚效应。比如，问卷调查中有两个问题，第一个是"您对未来抱有希望吗"，第二个是"您对未来感到不安吗"。相信人们对这两个问题的回答肯定有很大差异。如果被问到后者，可能很多人会表露出悲观情绪。

不经意间输入并扰乱判断的心锚

不经意间就抛下了锚。

锚（心锚）

▨ 在心里扎根的锚

有时输入大脑的信息在不经意间就变成了"锚"，并不知不觉地影响着我们的决策。

小时候有一个朋友让我把"披萨"这个词说十遍，于是我说了十遍。随后，朋友指着自己的胳膊肘问我："这叫什么？"我竟自信满满地脱口而出："披萨！"当时我真想立刻找个地缝钻进去。这就是受到沉锚效应影响的一个例子。

沉锚效应影响着人们生活的方方面面

当然！

您对未来抱有希望吗？

哦，可能很便宜。

二手车

原价 70 万日元 特卖 55 万日元

希望这个词成为受访者的心锚，于是他们容易做出积极回应。

您对未来感到不安吗？

充满不安。

"特卖"这个词影响了我们的认知。

不安这个词成为受访者的心锚，于是他们容易做出消极回应。

锚 鲜鱼店

有名的分析师说股价会上涨。

因为对分析师的预测深信不疑而炒股失败的例子很常见。

虽然现在正在下跌，不过应该还会涨的。买！

失败是他人之过，成功是个人之功

在潜意识里，人都具有想要控制周围事物的欲望，这也影响了人们的心理或行为。

控制欲是指希望控制周围的事物，使之按照自己的想法运作的欲望，是很多人都具有的根本性的欲望。这种欲望也影响着人的注意力。有一个实验，让两组被试者在充满噪声的环境下工作，其中一组拥有关闭噪声的权利，但被要求尽量不要关闭噪声。结果发现拥有关闭噪声权利的一组更出色地完成了任务。

控制欲是人的根本性的欲望

人都有控制欲，希望控制周围的事物，使之按照自己的想法运作的欲望。

太吵了，根本无法专心工作。

嘘～

如果介意的话，我是可以关闭噪音的。

嘘～

有报告显示，在充满噪声的环境下工作的员工如果获得关闭噪声的开关的权利，工作效率会大大提高。由此可知，能否用自己的意志控制环境，影响着人的注意力。

控制分为两种情况：一种是认为自己拥有支配身边事物的能力，另一种将事情的原因归为他人或外部环境。前者符合成功时的情况，后者往往是人们失败时的借口。我们常常看到人们成功时，认为一切都归功于自己，而失败时，却总想归咎于外部限制。这是很常见的。

控制欲带来的幻觉

成功时

失败时

成功啦!

失败了。

之所以成功，是因为有我的操控。

失败肯定是因为受到其他人和周边环境的影响。所以不是我的错。

A和B都陷入控制的幻觉之中。

one point

控制幻觉

以为自己能够支配无法控制的事情，是人的一种主观臆断。这对人的决策有着很大的影响。

3

行为经济学入门

11 轮盘连续三次是黑的，下次一定是红的

我们的推测未必总能像分析统计学理论一样思路清晰、客观冷静，要注意被主观感情歪曲的情况。

凭借自己的主观臆断，高估特定事件发生的概率，这种行为被称为赌徒谬论。虽然有些事情发生的概率是固定的，但人们有时候还是会期待出现更高的概率。不仅是赌徒，投资家也经常陷入因主观臆断而歪曲客观概率的情况。

因主观臆断而高估概率

举一个有关赌博的例子。轮盘连续三次显示黑色，这时，你可能会凭直觉推测：既然黑色已经连续出现三次，那么下次可能会出现红色。然而，每次转动轮盘都是一次独立的行为，上次的结果不会影响下次，红色和黑色出现的概率是一样的。由此看来，并没有理论能够证明下次会出现红色。这就是赌徒谬论。

人的主观臆断会歪曲推测

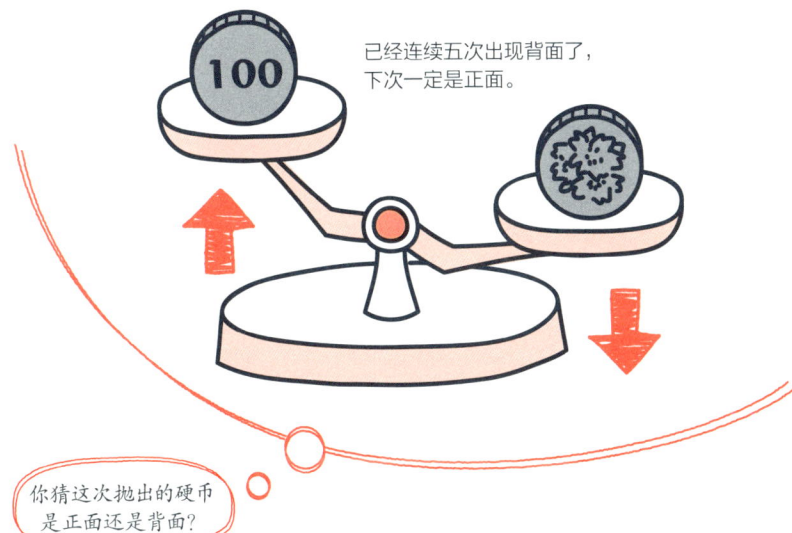

已经连续五次出现背面了，下次一定是正面。

你猜这次抛出的硬币是正面还是背面？

one point

大数定律

概率论的基本定律之一。大量重复某一实验（抛硬币）时，随着次数的增加，事件（出现正面的概率）出现的次数在理论上会不断接近假想值（1/2）。

按照大数定律，抛硬币时，正面和反面出现的概率各为 50%。然而图中只尝试了 5 次，尝试次数较少时，结果很可能会有一定的偏向性。

"失败是成功之母"是真的吗?

人人都说失败是成功之母。严格来说的确如此,如果我们能认真反思自己为什么失败,仔细检查决策的各个环节,正视并理解自己的失误,下次才能取得更好的结果。比如有一家企业持续开展一项新业务,却一直无法获得预期收益,最终只好中止了这一新业务。这时,最重要的是查明失败的真正原因,检查各种情况的可能性,比如是因为社长太想成就这番事业,执念太深,没有及时收手,所以不得已持续了下去;还是因为项目负责人对自己做出的判断盲目自信,欺骗自己的内心,继续坚持了下去。诸如此类。

如果我们尝试认真探寻并理解失败的原因,就不得不正视自己能力的不足和需要解决的问题,所以人们很容易退缩。但是,克服这些弱点也许正是"失败是成功之母"的秘诀所在。

4

为什么会产生
泡沫经济?

迄今为止，世界各地都出现过各种各
样的泡沫经济。行为经济学对于解释
泡沫经济现象有很大帮助。

01

什么是泡沫经济?

泡沫经济时常发生,日本就在 20 世纪 80 年代出现了泡沫经济。然而传统经济学却放弃了对泡沫经济的解释。

泡沫经济是指股价、房价等商品价格飞涨到离谱水平的现象。离谱是指超过传统经济学可以想象的价值(价格)水平(公允价值)之后,价格继续暴涨。泡沫经济发生后,很多人为了得到更多利益,都一窝蜂地争相购买价值不断上升的资产。

泡沫经济是什么?

1985 年至 1989 年,日本的股价和房价过度膨胀。从泡沫经济的历史经验来看,价格在三年间涨到三倍(或四倍)以上,就应该怀疑是否处于泡沫经济。

三年后

土地和房屋加起来,1亿日元卖给我吧!

这些户型,房价是一千万日元,地价是两千万日元。

哦,虽然是二手房,不过看起来挺好的。

天哪,真是难以置信固定资产税也包含在内了。卖了吧!

英语的"bubble"是指泡沫。我们将肥皂溶化在水中，再把吸管插入肥皂水中吹一口气，就会噗噗地冒泡。泡沫膨胀到一定程度时，就会突然破裂。但我们很难提前预测泡沫破裂的时间。股市的"泡沫"同理。股票价格反常地暴涨到一定价格时，会迎来转折点，之后开始暴跌。这就是泡沫经济。

泡沫经济究竟是什么

●泡沫是指里面没有东西，却膨胀到很大的状态。

虽然泡沫在噗噗地膨胀

一旦破裂，里面什么也没有

●八十年代日本的泡沫经济。

空地

定售土地

股价

股价

股价

地价
泡沫经济繁荣时期，以东京、大阪等城市为中心，日本各地的土地价格急剧上涨。

股价
1985 年 6 月的日经平均股价是12800 日元。1989 年 12 月末上涨到 38915 日元（收盘价），之后开始暴跌。

02

泡沫经济和个体没有关系吗?

可能大家一听到"泡沫经济",会感觉很恐怖。其实如果学会利用泡沫经济,你的人生将发生很大变化。

泡沫经济对每个个体都有着不可忽视的影响,善于利用泡沫经济,便能增加自己的资产。然而,如果股价猛涨,很多人陷入一种狂热状态,认为股票会永远涨下去,于是很可能高价购入股票,这就是高价揽入。在这种情况下,一旦泡沫经济破灭,他们就会遭受巨大的损失。

为了避免高价揽入

在泡沫经济膨胀时,买的人越多,股价越涨,股价越涨,买的人更多,人们的看涨心理严重。如果陷入这个怪圈,就很容易高价揽入。为了避免这种情况,需要提前设立一个规定,比如一旦股价上涨20%,就卖出等。

我赚这么多就够了。

股市山

太危险了,赶快撤。

似乎还会涨,再多投一点吧!

一定有很多人认为股价飞涨到一个离谱的价格后，突然急剧下跌太可怕了。不过其实避免这种情况并不是什么难事。当股价大幅下跌时，分时分额购买股票，然后等待情况好转就可以了。购买股票花的钱越多，受损的可能性就越大。一旦受损，人们就会消极对待之后的投资，错失获得资产的时机，影响人生的发展。

以最低价购买股票的诀窍

根据主要企业的业绩和经济增长率等情况，分析未来的经济形势是很重要的。

股价下跌，业绩也不好。

●关注企业的业绩

通过查看企业过去的业绩，我们就能了解这家企业是否正处于上升期，以及当时所处的发展阶段。

虽然股价有下跌倾向，不过业绩不错。

比昨天低了。趁现在买吗？

●不要急于一时

虽然股价稍微下降了一点，但最低价可能还远未到来。因此，注意不要急于一时，保持耐心对投资来说也很重要。

可能还会降，再稍微等等吧！

已经降到这个程度了，就买了吧。

●市场总体大幅下降时购股

暴跌时才是购股良机。最好分不同时间和不同金额，在市场行情大幅下跌时购买股票。

经济环境正在恶化，再等等吧！

03 泡沫经济随时随地会发生

为什么会产生泡沫经济？

20 世纪 80 年代后半叶，人们普遍过度看好日本经济，认为日本的房地产和股票价格会持续上涨。

泡沫经济随时随地可能发生。迄今为止，大大小小出现过很多次难以解释的股价（金融资产）暴涨、房价（实际资产）暴涨的情况。泡沫经济的产生需要有"闲钱"和"对经济发展的强烈期待"。中央银行通过降息，为经济发展提供资金，这样就产生了"闲钱"。在此背景下，人们越来越期待"房价不断上涨"，因此物价就开始上涨。在相互影响下，人们对经济的乐观心态不断膨胀，导致物价疯涨，出现泡沫经济。

关键词是闲钱和期待

中央银行为了防止经济萧条，实行降息政策，于是市场上出现"闲钱"。随着人们对经济发展的过高期待，对经济前景的乐观心态也越来越膨胀。

这些资金本应投入到设备上，但并不尽如人意。

闲钱成为风险资本。价格的上涨促使更多投资者进行风险投资。人们对经济增长的期待过高。

中央银行为支持经济发展，实施降息政策。

资产价格一定会上涨的！

人们毫无根据地看好经济形势，在此背景下，人们陷入了越买越涨、越涨越买的循环之中。由此，对股票和房地产的投机成为热点，泡沫经济产生。

趁现在投资土地和股票吧！

那我们应该如何辨别巨大的泡沫呢？如果股票价格开始上涨后，仅在短短几年间，就变成原来的好几倍，那资产泡沫很可能已经膨胀了。1985 年年初，日经平均股价是 11000 日元，1989 年年末涨到 38915.87 日元，这就导致出现了泡沫经济。当时，很多人对"日本的房地产和股票价格会永远上涨"的神话深信不疑，抱有强烈的期待。而且，价格一上涨又会有更多人对此深信不疑。然而，大家普遍相信的未必总是合理的。

造成泡沫经济的土地神话是什么

一

很久很久以前，有一个关于房地产的经济神话：只要买一定会涨价，房地产有绝对价值。

买到地了！

把地卖给我吧！

终究只是个神话啊。

伊耶那岐神和伊耶那美神是日本神话中创造日本国土的神。

再卖给我点儿地吧！

又买到地了！

二

很多人对该神话深信不疑。银行以土地为担保，不断进行融资，导致房地产投资过热。

三

然而，由于飞涨的地价与原来的价值相去甚远，不久就走到尽头，房价开始暴跌。银行负有大量不良债券，日本经济陷入长期低迷状态。

神话成了一场梦。

……

75

04 行为金融学视角下的泡沫经济

主要将行为经济学应用于金融领域的理论称为行为金融学。行为金融学是分析现代金融市场不可或缺的理论。

行为金融学是行为经济学的分支，关注人的心理活动。因此，行为金融学不会把泡沫经济当作一个"意外情况或是反常现象"。其实，股价等物品的价格常常受到我们的期待或认知的影响。如果有十个投资者，公平公正的价格标准也会出现十种。这正体现了人们的想法是因人而异的。行为金融学会考虑到投资者承担着一段时间内获得收益的责任以及会受到从众心理的影响，因此可以切实地解释泡沫经济现象。

股价随着人的想法而变动

如果有10个投资者，就会有10种各不相同的思维方式。一些事件或收购传言等小的契机可能会影响人的从众心理，从而导致股价的暴涨或暴跌。

A公司的股票看上去以后会涨价。再买点。

现在把A公司的股票卖了吧。

个体投资者

A公司的股价最近没怎么变啊！

传统经济学认为资产有一个公平的理论标准。一物一价法则认为一个物品一定会有一个固定的价格。公允价格（公正价值）只有一个，不可能出现超过该价格水平的情况。我们是理性的，市场是有效的。因此，泡沫经济被传统经济学视为反常现象。然而，如果用行为金融学思考的话，泡沫经济绝不是意外现象。

机构投资者

机构投资者是指作为法人进行资产运作的保险公司、投资法人等金融机构。

A公司的股票看起来会变动。

我去买A公司的股票。

保险公司

你知道A公司收购的传言吗？

啊？真的吗！

投资信托

A公司暂且维持着现状。

银行

从企业现状来看，A公司的股票（价格）可能比较高。

买入，这家公司

海外投资者

住在国外买卖日本股票的个人投资者或机构投资者。东京证券交易所部分交易额的六七成是由海外投资者投入的。

规避损失的心理活动

我们总是希望尽早确保利益，延迟损失。前景理论恰恰能够解释这一心理现象。

　　前景理论是行为经济学的核心理论。前景理论是指人们希望尽早确保利益，延迟损失的行为倾向。在投资行为中表现为一种风险偏好，即股价上涨时会立刻卖出，以确保收益。然而，股价下跌时却无法立刻抛售，接受既定损失，总是寄希望于行情好转，所以会继续持有股票。获得收益时与遭受损失时，我们的行为是不同的。

投资者的心理

前景理论可以解释投资者非理性的心理现象。

> 趁现在还在赚，早点卖了吧。

> 肯定很快就会涨的。再等等……

股价上涨时

出现收益时，人们很容易满足当前的利益，而不愿承受更大的风险。

股价下跌时

出现损失时，人们对风险的容忍度会变大，反而不会赔本抛售。

人们之所以很难赔本抛售，是出于两种心理的矛盾：相信这只股票会涨价，才决定购买的认知与股价正在下跌的认知之间出现了对立。为了平衡这一矛盾，人们便自以为是地认为股票不久就会上涨，寄希望于行情的好转。然而，一旦泡沫经济破灭，急剧下跌的股市会给投资者带来毁灭性的打击，人们甚至连调整这种矛盾心理的机会都没有。陷入恐慌的投资者们纷纷贱卖股票，在相互影响下，股价跌入无底深渊。

投资者心理和泡沫经济

●普通情况下，股价下跌时……

通常情况下，即使出现损失，人们也不会赔本抛售，而会期待行情的好转。

不能在这儿赔本，再等等吧！

不久就会上涨。

股价下跌　　　　　　　股价进一步下跌

●泡沫经济破灭时……

抛售股票的人越多，股价越会下跌，从而引发连锁反应。由于害怕股价下跌的心理在市场上蔓延，因此，人们纷纷开始贱卖所有可抛售的东西。

大家都开始抛售股票了！我也必须尽早全部卖出去。

糟了！

不久就会上涨。

股价下跌　　　　　　　股价进一步下跌

获利的喜悦与亏损的悲伤
是不对称的

可以用价值函数描绘出获利时的喜悦程度与亏损时的悲伤
程度。

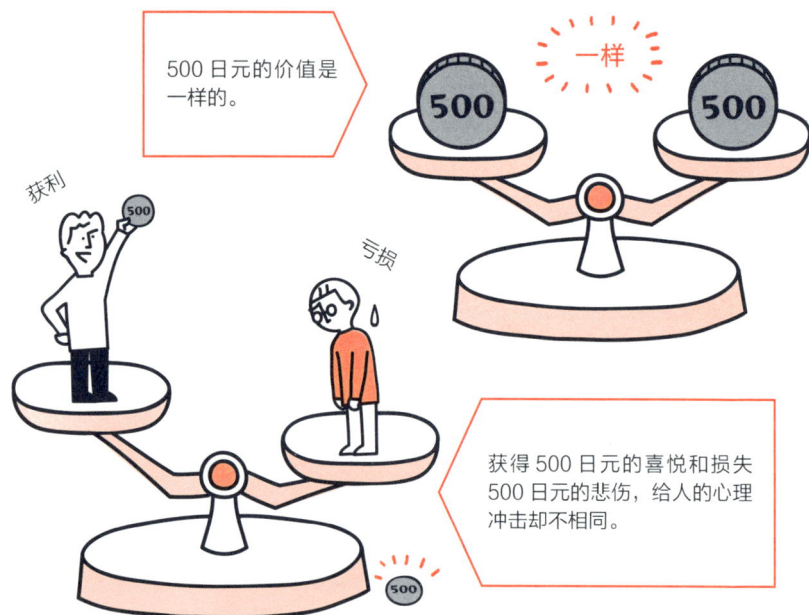

　　价值函数准确地展示了人们在亏损和获利之间不断波动的心理活动。横轴代表相对收益（股价上涨或下跌的幅度），纵轴代表人的主观（自己感受到的）价值（满足感），原点被称为"参照点（判断事物的基准点）"。如果获利，价值会出现在正象限（第一象限），如果亏损，价值会出现在负象限（第三象限），无论在哪个区域，离参照点越远，对事物的敏感度就越低。这就叫作敏感度递减。

获利时的喜悦与亏损时的悲伤

500 日元的价值是
一样的。

一样

500　　500

获利

亏损

获得 500 日元的喜悦和损失
500 日元的悲伤，给人的心理
冲击却不相同。

大家请看下图第一象限和第三象限的走势，从损失和获利相同单位产生的价值变化来看，可以看出损失一个单位，人的感受更加强烈。也就是说，比起收益的增加，我们对损失的增加更加敏感。这就是损失规避倾向。同样是1000日元，我们失去它的悲伤要比获得它的喜悦强烈三四倍。

价值函数

如下图所示，人们规避损失的意识非常强烈。行为经济学领域称之为损失规避倾向。

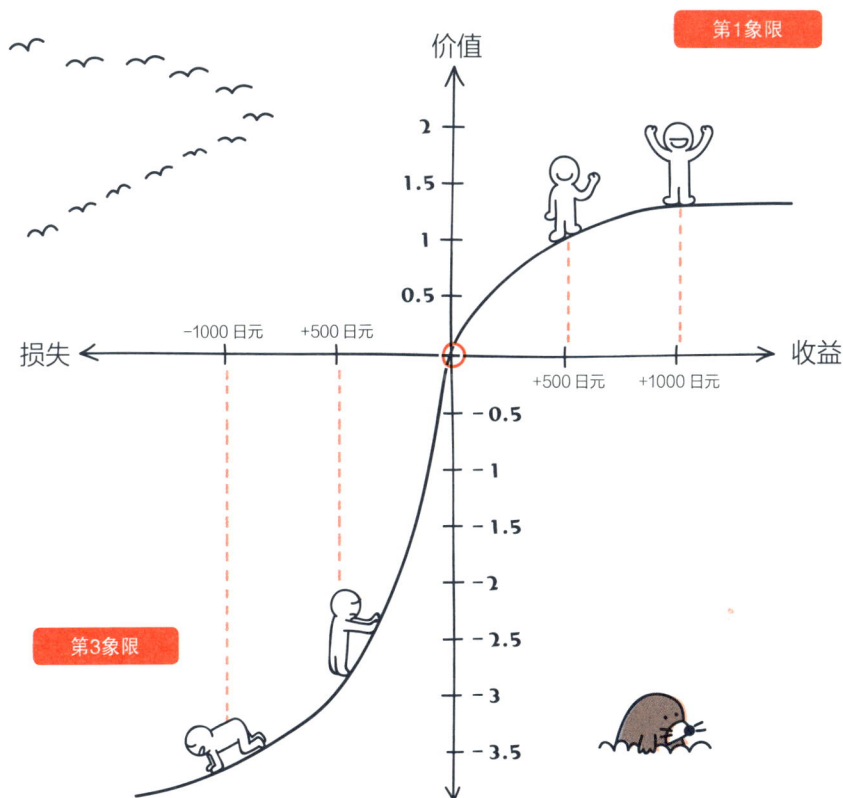

注）表中数值为大概数值。

07 为什么会产生泡沫经济？

外汇交易根本赚不到钱？

很多人说自己虽然尝试进行了外汇交易，但根本赚不到钱。
这是因为受到了下面这种心理活动的驱使。

前景理论相关的实验显示人们在获益或亏损时，对风险的态度会发生变化。获益时，人们会倾向于避开风险（不确定性、不同于预期的结果）。比如，如果我们花 100 日元买下的东西涨到 120 日元，获 20 日元的收益，我们就会优先确保利益，企图避免价格下降带来的风险。相反，如果价格下降到 80 日元，我们就会寄希望于行情的好转，变得喜爱风险。

外汇交易是高风险的交易

● 股价。

通过 PER 和 PBR 等指标可以大概算出理论值，所以公平价格是可以算出来的。

Ⓐ 公司　Ⓑ 公司　Ⓒ 公司

嗯，C公司的情况……

● 外汇交易。

外汇汇率短期内变化很快，专家也很难预测股市动向。

根本不知道汇率为什么变化。

注）关于股份公司和外汇汇率的风险，至今仍众说纷纭。

这有利于分析为什么在外汇保证金交易（FX）中，反复买卖外汇仍无法顺利积累财富的问题。在进行美元和日元、澳元和日元等交易的外汇市场中，价格的变动非常激烈（高风险高收益）。因此，只要获得一点收益，人们就很想确保既定的利益。然而，外汇突然下降，出现估价亏损时，人们却很难做出赔本抛售的决定。

外汇交易很难获利吗

如果继续进行交易很容易亏损。

涨了20日元！卖了吧。

跌了80日元。不想就这样赔本抛售，再看看情况吧！

涨了30日元！卖了吧。

下跌了90日元！如果现在卖了的话肯定会赔本。

涨了20日元哦！

持续中……

one point

镜像效应

出现收益时人们会规避损失，出现亏损时人们反而成为风险爱好者。也就是说，出现收益和出现亏损时人们的反应就像照镜子一样正相反。

为什么会产生泡沫经济？

08 失败时总想找借口

人们普遍认为自己的决定是正确的。当我们意识到自己可能失败了的时候，会产生心理上的矛盾，这被称为认知失调。

我们采取行动时，总是倾向于相信自己的决定是正确的。比如，虽然自己相信股价一定会上涨，然而实际上股价却在下跌。这时，我们心中对股价上涨的期待，和股价正在下跌的认知之间，就产生了对立。这被称作认知失调。一旦我们心中产生了认知失调，就不想直面自己的错误，认为市场是错的，为了自己的方便，找各种借口。

股票交易中认知失调现象的案例

炒股的秘诀只有学习二字！

我已经查了这么多资料，肯定没问题！

如果人们花费了很大精力去学习，就会对自己产生强烈的自信，而不愿承认失败。一旦需要直面与自己预期相悖的情况，内心就会产生巨大的矛盾，希望转嫁责任。

哦！原来是我相信的分析师搞错了！

只能等结果了。

股价正在下跌。

不，不可能。我学了这么多不会错的！

自我合理化

产生认知失调

人们的内心很擅长找借口，这是因为我们不想承认自己的失败。承认失败就意味着承认自己的错误，这样会有伤自尊。一旦出现亏损，我们便会产生一种心理压力，不愿面对价格的下跌，不愿承认失败。因此，比起获利1000日元，损失1000日元给人的冲击更大。为了不遭受亏损，人们会做出有利于自己的解释，期待事后的改善。这就是人性。

日常生活中认知失调的案例

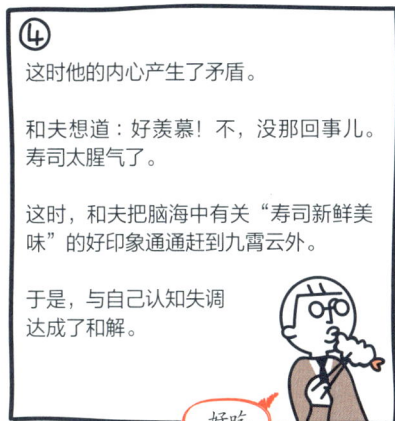

一个夏日，任地和夫决定去公司外面吃午饭。

今天吃什么呢？

对了，吃天妇罗吧。

喵

①

和夫来到餐馆，点了天妇罗。

老板，来一份天妇罗套餐。

好嘞！

②

说完，和夫注意到斜对面的男士正在吃寿司。

③

走开

喵~

诶？他竟然在吃寿司。

④

这时他的内心产生了矛盾。

和夫想道：好羡慕！不，没那回事儿。寿司太腥气了。

这时，和夫把脑海中有关"寿司新鲜美味"的好印象通通赶到九霄云外。

于是，与自己认知失调达成了和解。

好吃

为了避免认知失调，对于没有选择的事项（东西），人们往往会用与之相关的负面信息替代正面信息。

为什么会产生
泡沫经济？
09

人为什么总是买彩票？

我们很容易凭自己的主观臆断歪曲事件发生的概率。决策权重理论可以解释人们总是购买彩票的心理。

决策权重理论是支撑前景理论的重要观点之一。决策权重函数图的横轴表示客观概率，是根据统计学等理论算出的概率。纵轴表示决策权重，是人们主观评价影响下的概率。从图表整体来看，小概率事件被评价过高，大概率事件被评价过低。这正体现了人们总是做梦中彩票的心理。

日常生活中的决策权重

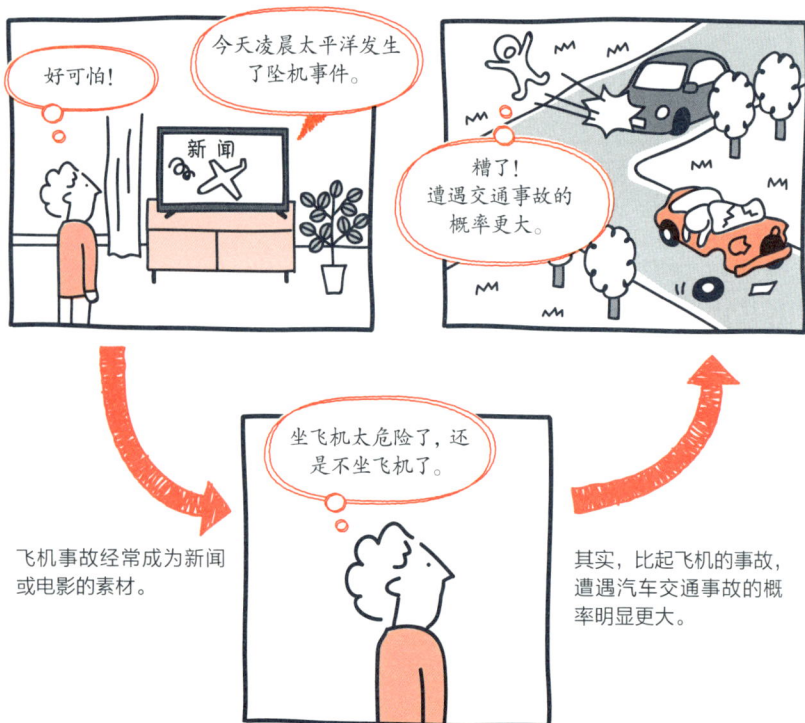

好可怕！

今天凌晨太平洋发生了坠机事件。

新闻

糟了！遭遇交通事故的概率更大。

坐飞机太危险了，还是不坐飞机了。

飞机事故经常成为新闻或电影的素材。

其实，比起飞机的事故，遭遇汽车交通事故的概率明显更大。

请看下面这个更加详细的决策权重图。如果从亏损和收益两个角度来考虑，可以看出出现亏损时，人们很少夸大小概率事件，也很少低估大概率事件。然而，出现收益时，人们就容易夸大小概率事件，而低估大概率事件。由此可见，我们经常根据自己的主观认识，判断事件发生的概率。

决策权重图

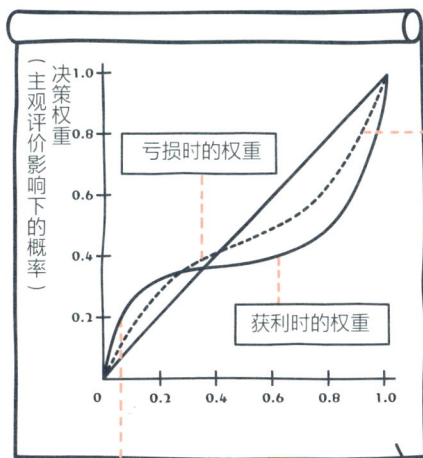

（主观评价影响下的概率）

决策权重

亏损时的权重

获利时的权重

出现损失时

当选概率为 80% 的候选人受到主观概率的影响，会对自己的当选概率更加没有自信。

您有80%的概率能够当选。

我依然很紧张。

 虽然飞机发生事故的概率远远低于汽车，但人们却对飞机过于畏惧，这也是决策权重的一个例子。

我决不会乘飞机!

这种心理活动不仅出现在买彩票时，在赌博中也非常典型。

赌!

像这样，人们常常根据自己的主观感受，过高估计小概率事件，过低估计大概率事件。

今天很走运。

获利时

我们很容易期待客观中奖率极低的彩票出现高中奖率。

有可能中奖。不，一定能中奖。

原来是这样，仔细想来确实如此。

以后不买彩票了。

87

10 "亿元户"——比特币热

只要人们进行经济活动和交易，就有可能产生泡沫经济。近年来的比特币热潮就是一个例子。

2017 年的虚拟货币市场是一个能够说明泡沫经济随时随地都会发生的典型案例。2017 年年初到年末，比特币作为虚拟货币的代表，从 1000 美元涨到近 20000 美元。之所以能在短时间内迅速暴涨，不光是因为比特币具有实用性，还因为人们对比特币价值上涨深信不疑，购买比特币的人不断增多。由此，出现了很多拥有价值一亿多日元比特币的"亿元户"。

比特币的运作机制

我们平时使用的货币（现金）是由政府·中央银行发行并管理的（法定货币）。然而，并没有一个正式管理比特币的主体（比特币不是法定货币）。

比特币通过网络
（区块链）共享

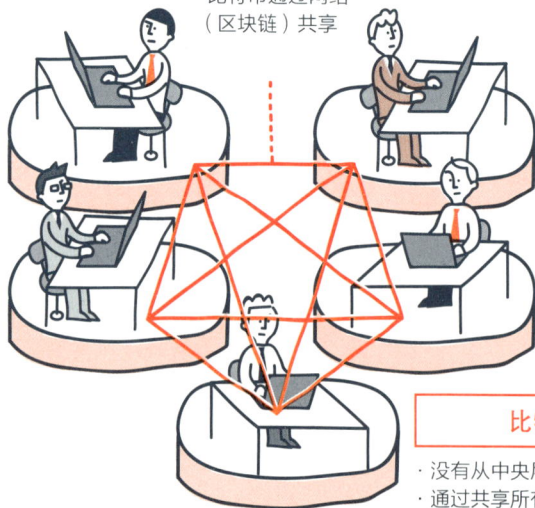

比特币的特点

· 没有从中央层面进行管理的国家或银行
· 通过共享所有的交易记录保证可信度
· 手续费低，汇款速度快

2018 年后，比特币的价值开始暴跌。虽然原因有很多，但我认为很大程度上是因为人们担忧比特币的高价不会持久，于是很多人开始卖出，卖出的人越多，价格跌得越快。不过更重要的是，人们的热烈追捧（需求的增加）使比特币的价格激增，于是导致泡沫经济的发生。像比特币这样很难算出公允价值的事物也会出现泡沫经济，有时也会影响我们的行为。

需求急增导致泡沫经济产生

● 17 世纪荷兰发生的"郁金香泡沫"。

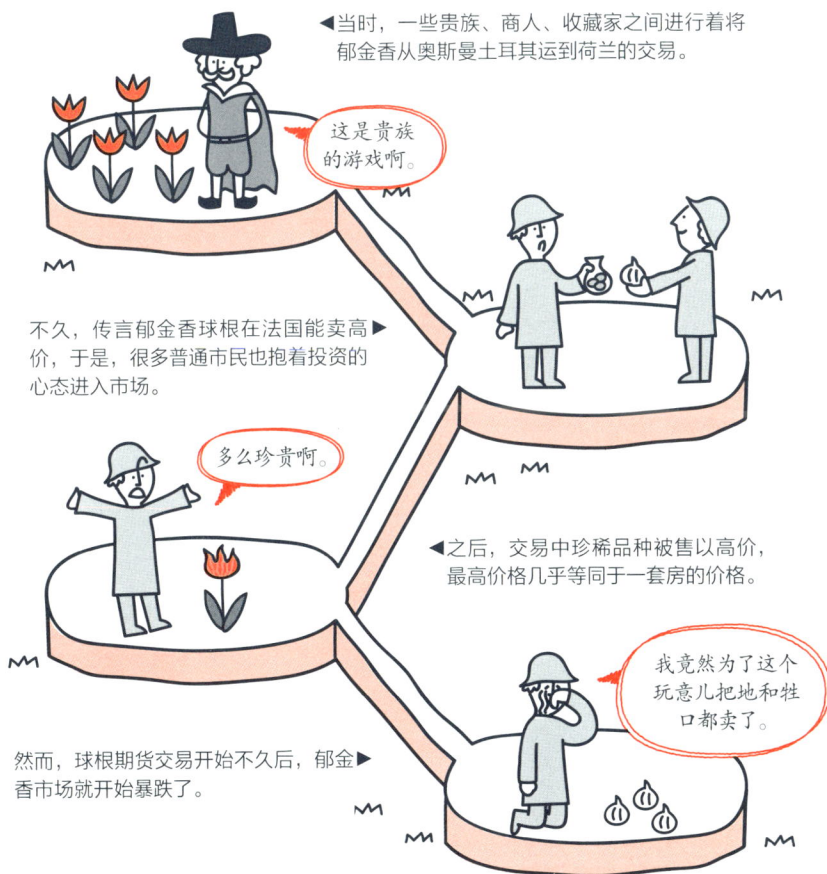

◄ 当时，一些贵族、商人、收藏家之间进行着将郁金香从奥斯曼土耳其运到荷兰的交易。

这是贵族的游戏啊。

不久，传言郁金香球根在法国能卖高► 价，于是，很多普通市民也抱着投资的心态进入市场。

多么珍贵啊。

◄ 之后，交易中珍稀品种被售以高价，最高价格几乎等同于一套房的价格。

我竟然为了这个玩意儿把地和牲口都卖了。

然而，球根期货交易开始不久后，郁金► 香市场就开始暴跌了。

有经济学专家指出，近年来的比特币热和郁金香泡沫是一样的。

有投资必胜的诀窍吗？

常常有人问我"有没有保证能赚钱，绝不会亏损的投资诀窍"，我的回答是"没有"，但有投资法则，也就是价格低时买入，价格高时卖出。具体来说就是，股价等商品价格暴跌时，泡沫经济破灭时正是买入股票的好时机。

尽管如此，每个时代都会出现很多宣扬投资必胜诀窍的图书。可能是因为大家有这方面的需求吧。我们都不想亏损，所以很容易受到赚钱秘诀等信息的诱惑。这在每个时代都是一样的。

比如，在泡沫膨胀到一定程度时，从未报道过投资专题的女性杂志也开始传授投资必胜秘诀，社会上讲解投资必胜秘诀的研修班也开始增加。这也反映了受到高价的诱惑，会有越来越多的人开始投资的社会现象。

5

对生活有益的
行为经济学

行为经济学运用了心理学知识，也是一门有关认知的学科。行为经济学理论已经在我们的日常生活中得到了广泛应用。

对生活有益的
行为经济学
01

展现方式比内容更重要，是真的吗？

人们的外表和表达方式，也就是首因效应对人们的商务活动和日常生活都有着巨大的影响。

首因效应说的是第一印象非常重要。如果信息量太大，会分散我们的注意力，很难注意到后面的信息。这在人与人的交流中发挥着巨大的作用。所以，一定要先说最想传递的内容，这也才更容易给人留下深刻印象。给别人留下印象之后，对方才更有可能按照我们的期望采取行动。

求职者的第一印象非常重要

人的第一印象是由"看到的一瞬间"决定的（有诸多说法）。

●提升首因效应的五个要点。

人的外表中，以下五个要素是最容易给人留下印象的。不光是求职者、销售人员等，只要是需要与人交流沟通的工作人员都适用。

声音
注意保持音量适中，口齿清晰。

服饰
服饰和发型最重要的是保持整洁。

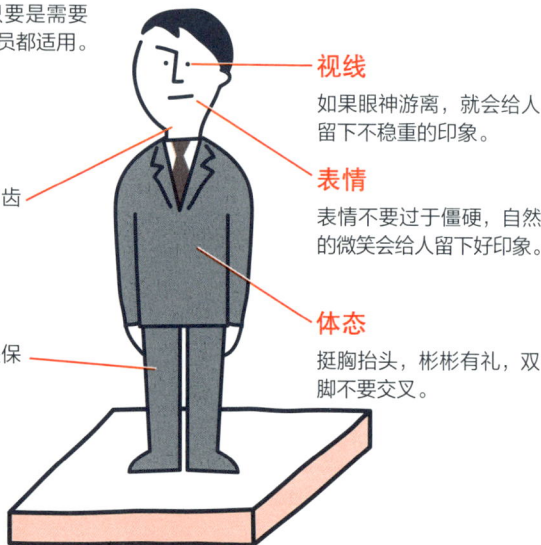

视线
如果眼神游离，就会给人留下不稳重的印象。

表情
表情不要过于僵硬，自然的微笑会给人留下好印象。

体态
挺胸抬头，彬彬有礼，双脚不要交叉。

正在求职的毕业生告诉我他们非常重视外表。他们不光会注意把棕色的头发染成黑色，使耳洞别太明显，去访问企业时，他们还会注意选择适合商务场合的背包。这些内容在报纸上也有报道。之所以这样做，是因为他们不想给别人留下不靠谱的印象。诸如此类，首因效应对我们日常生活的点点滴滴都有着巨大的影响。

销售过程中首因效应也很重要

人人都说销售员是企业形象的代表，在首因效应的影响下，销售员给人的印象深深地影响着公司或商品的形象。

● 初次见面的寒暄。

● 商务谈判的开场白。

完全符合贵公司的要求。

承蒙关照。

初次见面寒暄时，要声音洪亮。如果能给人良好的第一印象，对方也会努力发现你的其他优点。

如果在商务谈判刚开始时就告诉对方本商品的绝佳效果和优势，对方会更容易听下去。

此外，如果对方不太了解产品，首因效应是有效的。如果对方本来就很了解产品，近因效应是有效的。我们在和陌生人进行商务谈判时，提前搜集信息，了解对方的情况是很有用的。

个体投资者判断企业业绩的案例

首因效应不仅影响着我们给人留下的印象，而且影响着我们的决策行为。

　　除人际关系以外，在生活中，首因效应也对我们的各项决策发挥着决定性的作用。例如个体投资者决定投资哪家股票的过程中，有人说 A 公司销售额增长了 50%，但利润比上一年减少了，还有人说 A 公司利润比前一年减少了，但销售额增加了 50%。两种不同的说法会给你留下什么印象呢？我认为先提出销售额增加的说法更能给人留下好印象吧。

个体投资者如何评判企业的业绩呢

有时受到首因效应的影响，相同的内容也可能给人留下不同的印象。

最终保证了 300 亿日元的盈利，但是增幅减小了。

确实A公司看起来行情不错。

我会买A公司的股票。

虽然增幅减小，但还是保证了 300 亿日元的盈利。

没关系吗？还是仔细考虑一下比较好。

我可能会卖掉B公司的股票。

人往往容易记住最先听到的信息，而忽视后面的信息。

受到首因效应的影响，一旦我们认为 A 公司是一家好公司，那么我们购买该公司股票的意向就会增强。甚至不会仔细调查其利润减少的原因，就买下过多股票，最终可能导致大量亏损。因此，我们应该意识到做决策时容易受到首因效应的影响，这样才能减少判断失误。

影响国家发展的印象的威力

有时印象会左右企业甚至是国家的发展。1960 年美国大选时，共和党候选人尼克松和民主党候选人肯尼迪之间就上演了一场逆袭大戏。

◀大选时虽然两人势均力敌，但当时的副总统尼克松比上议院议员肯尼迪更具知名度和经验，所以更胜一筹。

然而在电视上公开辩论时，尼克松▶拒绝化妆，肯尼迪却化了一个影视妆，从而给观众留下了"充满青春活力的领导人"这一印象。

◀最后，肯尼迪逆转局势，赢得了大选，成为美国第 35 任总统。这次大选也让人意识到电视的重要性。

对生活有益的
行为经济学
03

作报告时将内容浓缩为一点

以简单化的手法把握事物的概要，更有利于让对方准确地理解要点。

简单化是指总括性地、粗略地把握事物，比如描述国家经济总量时，直接写：我国的经济总量大约 500 万亿日元。当然。这样有时可能导致我们错过重要的信息，做出错误的判断，但是能让对方明确知道我们最想传达的内容。所以，在作报告时，将讲解的内容浓缩为一点，效果更好。

用简单化方式进行宣传的案例

除了文字、语言等信息，利用图像化手段也能发挥简单化的作用。

文字信息多

如果只用文字进行展示，受众就必须绞尽脑汁地思考对方想传达的最重要的内容是什么，因此会感到麻烦。

用视频展示

为了给人直观感受，有时采用视频等形象化手段进行宣传会更有效。

新车促销现场

松本○○上市！

驱动方式
总排气量
最大马力
车身尺寸
发动机型号

字好多，信息量太大，看不懂啊。

田中○○首次展示

请欣赏

我们采用混合动力技术实现了超省油的目标！

感觉很不错，看起来应该容易上手。

假如我们想要告诉对方现在经济很景气，而构成景气的要素非常多，如股价、就业、企业状况、收入等，不胜枚举。一旦我们开始考虑这些要素，就非常希望把所有的信息都告诉对方。与其这样，倒不如将其归结为"景气就意味着 GDP 正增长"，然后告诉对方 GDP 指什么，实际情况如何，之后举几个实例，相信听者也会更加容易理解吧。

认识景气的方法和简单化的关系

作报告时要将自己的论点概括为一个中心观点。这样才能简洁易懂地将要点传达给听众。

●不采用简单化方式的情况。

为了明天的报告，提前查一下现在的经济动向吧。

股票的走向是……

国民收入的现状是……

查一下就业情况。

主要企业的业绩是……

嗯，先讲一下收入情况。

再查一下消费趋势。

给我精简为一个要点。

●采用简单化方式的情况。

为了调查日本的经济动向，应该先做什么呢？

先查一下 GDP，然后再确认一下消费趋势吧。

先根据能够直接反映经济动向的 GDP。

哦，经济形势在好转啊！

对生活有益的
行为经济学
04

最后凭直觉，这是对的吗？

上一节我们说"简单化"可能造成误判，但有时到最后关头，
我们不得不依赖直觉进行判断。

　　我们在做决策时，都希望有一个好结果，因此会花费很多时间和精力进行准备。但是在决定是否执行该决策时，我们往往认为最后关头应该凭直觉，于是比起遵从逻辑，常常重视听从内心的想法。2018 年 6 月 19 日，日本网络二手交易 APP Mercari 上市了。当时我问一个风险投资人是否买了这家公司的股票，他说虽然查了很多信息，但最后还是凭直觉买的。与此类似的情况还有很多。

概括论点

尽可能查得全面一点。

利用查到的信息，增强说服力。

②但是，大量的调查并不意味着更容易做出决策。重要的是要将想说的话概括为一个要点。如果做不到这一点，很可能从一开始就只能凭直觉进行判断了。

近畿危险
注意

就说这个吧。

①世界上的信息数不胜数，不可能都精确地查到。

③尽管如此，为了防止判断失误，花费时间和精力去准备和思考也是必不可少的。

上面这个例子就是调查了很多，最后仍凭直觉进行决策的典型事例。虽然大家普遍认为 Mercari 将来的发展有很大的潜力，但谁也不能确定果真如此。无论是个体还是企业，采取新的措施时，都无法准确地预测出将来的结果。因此，最后总有一部分需要依赖直觉。这时，为了将判断失误的可能性降到最低，我们就需要积极准备，尽量减少存疑之处。因为是否用心做这些工作影响着我们凭直觉进行判断的结果。

虽然有时到最后不得不依赖直觉

不同于传统经济学理论的假设，人未必总能做出理性的决策。

今年夏天西红柿大丰收，购入了大量西红柿哦！

虽然有些地方还不确定，但直觉认为还不错，就这么办吧！而且他很努力，就让他锻炼一下吧！

通过市场调研，我决定采用你的项目策划案。

八百万鲜果店

势福社

我决定放弃股票！我也要像那个家伙一样炒外汇。

谢谢社长。

根据传单上的信息，还是超市的西红柿更便宜。

想要了解目前的竞争情况。

差不多该独立了吧！

一冲动就买了这辆车，现在感觉别的车也挺不错的啊！

晚饭吃什么呢？

九松公园
出口

■ 人难以永远保持理性

企业或个体在进行经济活动时，不可能总能做出不会失败、没有浪费的合理决策。为了减少失败，我们只能通过更多的资料和数据，考察各种可能性。

对生活有益的
行为经济学
05

赌大冷门的心理

众所周知，在赛马时，人们更倾向于赌黑马（比赛中获胜概率小的马）的概率超过了黑马获胜的客观概率。

有时，我们反而对客观概率小的事情抱有过高的期待。这一倾向在赛马中得到了明显的体现。在赛马过程中，获胜概率小的马被称为"黑马"。众所周知，如今赌黑马会获胜的人变得越来越多，这就是黑马偏好。与此同时，虽然种子马（获胜概率大的马）的获胜客观概率较高，但赌种子马会获胜的人越来越少。这是验证决策权重的一个很好的例子。

黑马偏好的心理①

有时候，在购买赛马券的人群中，偏好黑马的人常常过剩，人们对本应受到欢迎的种子马（获胜概率大的马）的关注度却比想象的要低。

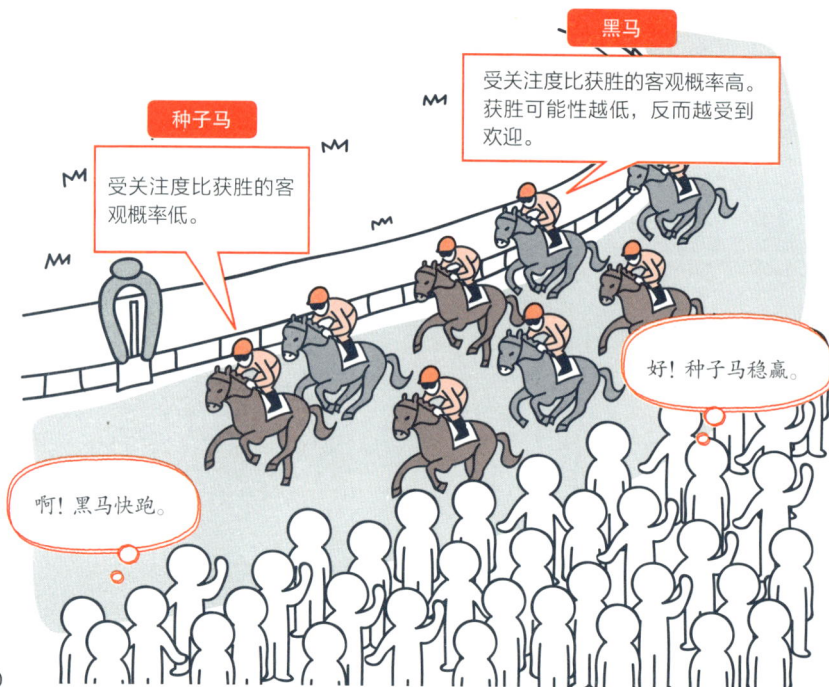

黑马

受关注度比获胜的客观概率高。获胜可能性越低，反而越受到欢迎。

种子马

受关注度比获胜的客观概率低。

好！种子马稳赢。

啊！黑马快跑。

2009 年一则新闻给赛马迷们带来了巨大的冲击。新闻报道了赛马数据分析公司向国税局隐瞒 160 亿日元收入的事实。该公司根据马的血统、骑师的成绩等信息，通过计算，买下了"三重彩"（不仅猜中比赛中跑前三名的赛驹，而且次序全中）的赛马券。虽然不知推测的具体范围，但该公司将更多钱投注在赔率低的赛马上，从而获得了高于投注金额的赢金。这就是利用黑马偏好，确保获利的例子。

黑马偏好的心理②

当天的赌局中，如果收支出现赤字（不断输钱），就会更想给黑马加注，赌它会逆袭成功。也就是说，在赛马过程中，我们有时会出现风险爱好的倾向。

先老老实实地赌种子马。

都输了！

虽然有偏爱黑马的心理，但一开始很多人还是会赌获胜概率大的种子马。

因此，越到最后，人们为了赚回输掉的钱，赌黑马会逆袭成功的心理就会变得非常强烈。

※ 比赛结果不会尽如人意，赛马的风险很高。

one point

决策权重

比起概率大的事件，人们有时候会认为概率小的事件发生可能性更大（参考第86页）。

有关赛马的行为引起了行为经济学家的注意，除了本文的内容，他们还提出了各种各样的观点。

对生活有益的
行为经济学

06

赌博为什么难以收手?

已经支出的,无论做出何种决定都无法收回的成本 (费用) 称为沉没成本。该理论也可以解释赌徒的心理。

　　我们常常遇到明明知道应该停止,却很难收手的情况,协和式飞机效应有助于分析这种心理现象。我们之所以这样,是因为我们总想收回之前付出的钱 (沉没成本)。英法两国共同研发的超音速客机协和式飞机就是一个很好的例子。一开始人们就提出该飞机很难赢利,但当时的经营者表示就算只有一点利润也坚持飞行。最终不得不结束于 2000 年的空难。

协和式飞机的发展历程

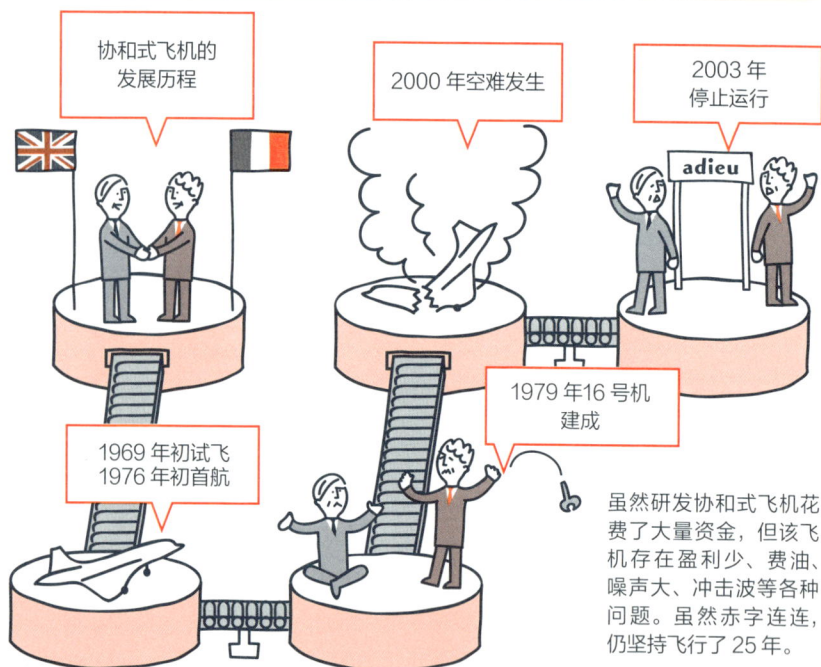

协和式飞机的
发展历程

2000 年空难发生

2003 年
停止运行

adieu

1969 年初试飞
1976 年初首航

1979 年 16 号机
建成

虽然研发协和式飞机花费了大量资金,但该飞机存在盈利少、费油、噪声大、冲击波等各种问题。虽然赤字连连,仍坚持飞行了 25 年。

理论上，如果看不见未来的收益，就应该停止目前的业务。然而，人的心理活动总是影响我们理性的判断。赌博也是一个很好的例子。我有一个朋友每周末都去玩弹球盘（日本的一种赌博游戏。——译者注），每次到最后都是输钱。这就是人们一旦开始，最后必须收回本的心理在作祟。实际上用在弹球盘上的钱（费用）是收不回来的，它们是沉没成本，赌博中花的钱也是收不回来的。虽说如此，赌徒们还是想要收回沉没成本，因此常常不可自拔。

企业中沉没成本的案例

"考虑到已经花费的资金，很难轻易撒手不干"，虽然我能理解这种心情，但有时鼓起勇气，果断撤退是非常重要的。

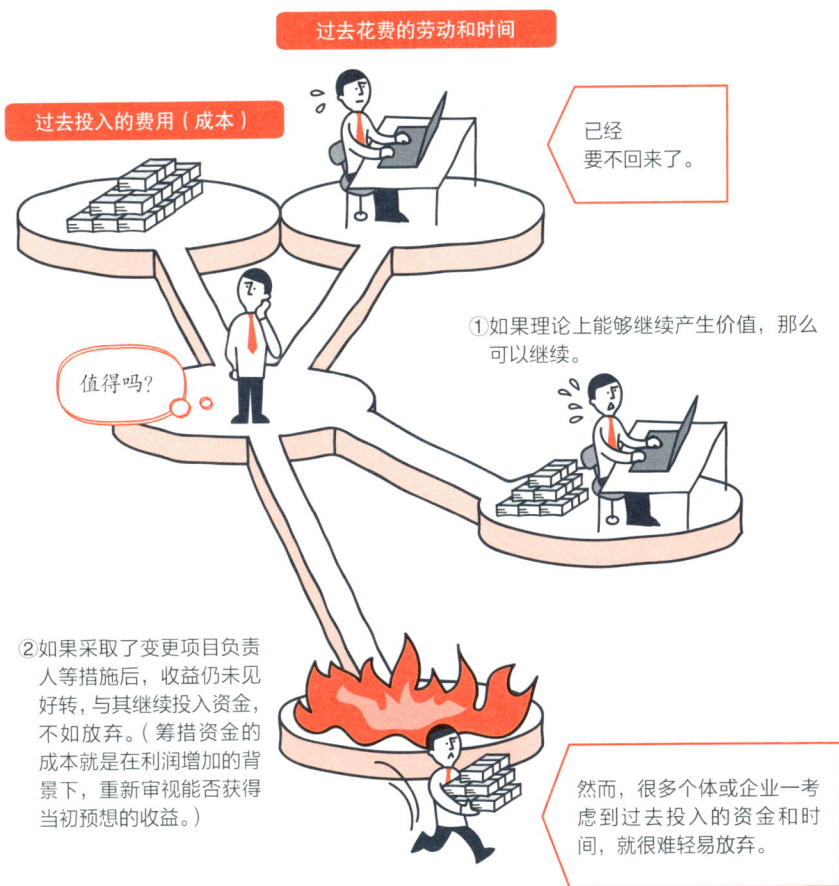

过去花费的劳动和时间

过去投入的费用（成本）

已经要不回来了。

值得吗？

①如果理论上能够继续产生价值，那么可以继续。

②如果采取了变更项目负责人等措施后，收益仍未见好转，与其继续投入资金，不如放弃。（筹措资金的成本就是在利润增加的背景下，重新审视能否获得当初预想的收益。）

然而，很多个体或企业一考虑到过去投入的资金和时间，就很难轻易放弃。

对生活有益的
行为经济学

07

为什么企业的丑闻不断?

当一个人处于集体中时,会做出一些错误的判断,而这些错误自己平时可能并不会犯。

如果我们和很多人一起行动,而非单独行动的话,很容易和周围的人保持一致。因为在一个集体中保持孤立会带来很大的心理压力。这种情况下,整个组织就可能做出错误的判断,导致失误、问题和悲剧的发生。最近,日本企业的丑闻接连不断,我想其背景就是受到了群体思维陷阱的影响。

陷入群体思维的 8 个症状

美国心理学家欧文·詹尼斯根据美国的史实,通过分析政策上的判断失误,将群体性心理倾向类型化。由此可以将群体思维分为8种类型。

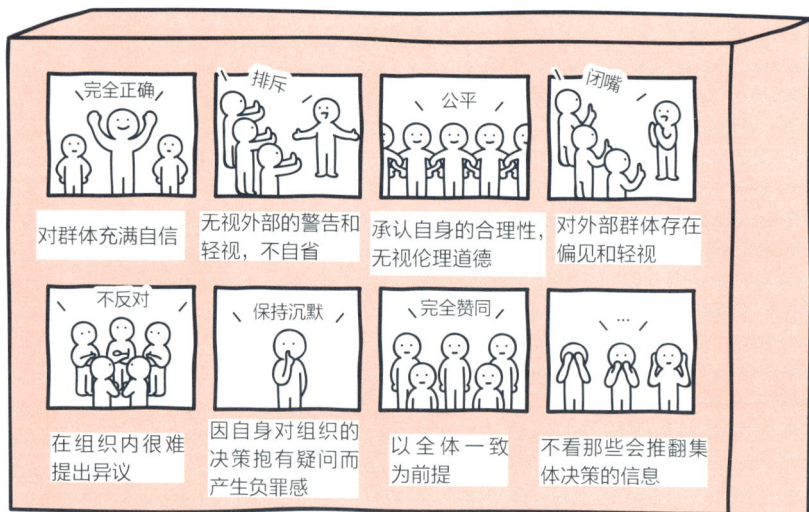

对群体充满自信

无视外部的警告和轻视,不自省

承认自身的合理性,无视伦理道德

对外部群体存在偏见和轻视

在组织内很难提出异议

因自身对组织的决策抱有疑问而产生负罪感

以全体一致为前提

不看那些会推翻集体决策的信息

开始工作后，有一个前辈对我说要学会委曲求全，也就是说不要跟上司或在公司影响力大的人顶嘴，认真听话就好了，这样才有利于升职。所以，有时候，虽然我认为公司的决策有误，也很难开口指出。这个故事准确地反映了陷入群体思维的原因。这一原因会导致整个组织决策的失误。所以，我认为我们应该基于自己的良知，告诉对方自己认为正确的事。这一点非常重要。

避免群体思维的对策

① 奖励敢于提出异议和质疑的人

② 领导应减少自己的主观意见

③ 征求组织外部专家的意见

④ 批判性地检验也很重要

⑤ 不要急于达成一致，要留出重新审查的时间

08 选项太多反而无法抉择

我们常常认为选项越多越可以自由地选择喜欢的东西。实际上，选项过多反而会给我们带来压力。

选项越多，我们越难以抉择。而且，就算下定决心做出选择，也很难获得选项少时的满足感。这就是选择的悖论。我们往往以为选项越多越有选择的自由，殊不知随着选择对象的增加，我们会开始货比三家，甚至怀疑自己选择的东西是否真正给自己带来了满足感。一旦我们开始比来比去，考虑到底选哪一个时，就没完没了了。

选项太多时会感到压力

如果选项太多，人们会担心做出决定后失败或后悔，会产生一种无能为力的感觉。

近年来，随着医疗技术的进步，可以进行多种手术。请从A手术、B手术、C手术当中选择一个。当然您也可以选择不通过手术治疗……

我也不知道哪个是最适合自己的……干脆您为我决定吧。

即使思来想去做出了选择，还是会产生类似"我没选的那个或许更好吧"这样的后悔的念头，对自己的选择不满意。

大家想象一下周末和家人准备一起去外面吃饭的场景。爸爸说"哪儿都行"，听了爸爸的话，妈妈说道"都行是去哪儿啊"。其实妈妈心里想的是：虽然我想吃日料，但孩子他爸可能喜欢牛排，要是选了我喜欢的，之后他肯定又会跟我抱怨。所以最后妈妈还是会说："孩子他爸，还是你决定吧。"相信很多人都有类似的经历吧。

果酱定律

美国哥伦比亚大学席娜·艾扬格教授进行了一个实验，在超市设置果酱试吃摊位，一个摊位摆放24种果酱，一个摊位摆放6种果酱，每隔一段时间将部分果酱更换一次，由此来调查顾客的反映。

5 对生活有益的 行为经济学

实验结果显示，在两个摊位前试吃的人数大致相同，在6种口味的摊位前停下试吃的人当中，有30%的人都购买了果酱。而在24种口味的摊位前停下试吃的人当中，只有3%的人购买了果酱。不过，因为选择的对象不同，人的性格喜好也不同，所以也未必总会出现上述结果。所以关于这一点，研究仍在继续，出现了诸多论点。

对生活有益的行为经济学

09

为什么我们总认为一切都是他人的错？

成功或失败时，从哪里寻找原因，影响着我们之后的思考和行动。

归因理论是指把某件事的原因归咎于某一方面的倾向。之所以会产生这种心理活动，是因为我们具有想要控制周边环境的欲望。为了满足这一欲望，有时我们会想到一些与事实不符的因果关系。假如你和朋友合作的事业失败了，这时，你认为原因在哪里呢？

我们很容易做出有利于自己的解释

当人们遇到一些不可控的事情时，很容易归因于别人或外部环境。
如果获得成功，很容易认为是自己的功劳。

失败是因为？

①那家伙粗心大意
②那家伙无能
③那家伙偷工减料

结果
不是我的错

← 那家伙

成功是因为？

①多亏我集中精力
②因为我有能力
③因为我很努力

结果
我太棒了

← 我

我们常常听到"因为他没有实力，所以我们失败了"这样的解释。这就是归因理论的作用。实际上，评价一个人的经营能力和水平，需要花费大量的时间，进行仔细的考察。然而，我们总想尽快简单地把握环境，解决问题。在归因理论的作用下，我们都能够理解事情的原因和结果，但其原因和结果是否正确就另当别论了。我们将工作的成功或失败归因于何处，这对我们的成长有着重要的影响。

归因理论的四种类型

社会心理学家伯纳德·韦纳认为，人们对行为成败原因的分析可归纳为以下几种类型（归因类别）。即下图的矩阵：①自己可控或保持稳定的原因是能力；②虽然可控但不稳定（很难经常保持固定的水平）的原因是努力程度；③不可控但稳定的原因是工作的难易度；④不可控且不稳定的原因是运气。

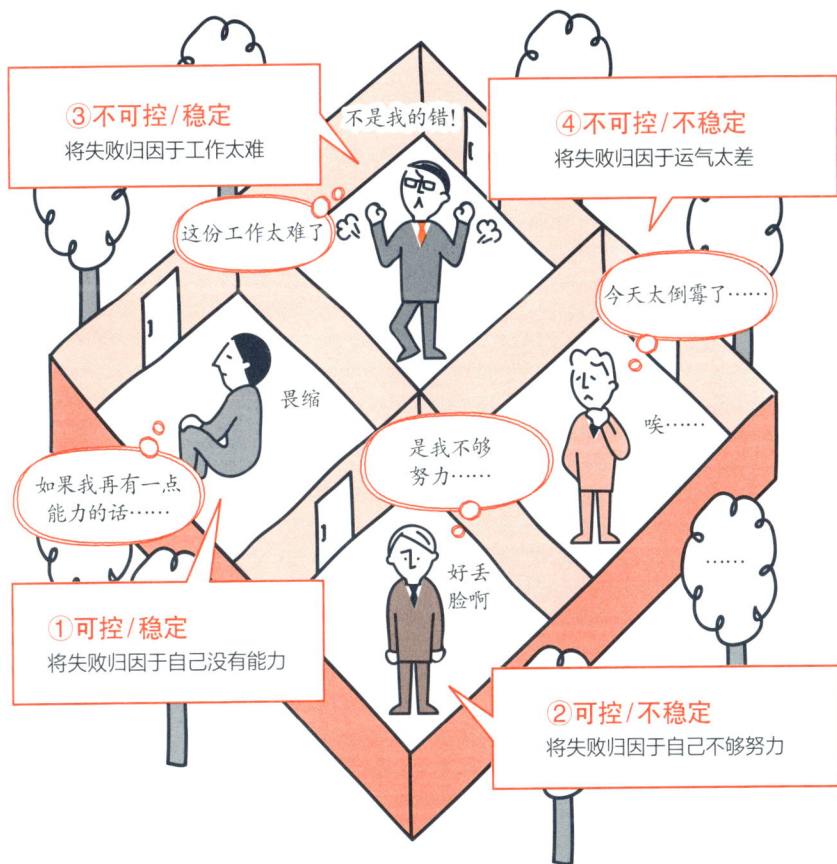

③不可控/稳定
将失败归因于工作太难

不是我的错！

这份工作太难了

④不可控/不稳定
将失败归因于运气太差

今天太倒霉了……

畏缩

咳……

如果我再有一点能力的话……

是我不够努力……

好丢脸啊

……

①可控/稳定
将失败归因于自己没有能力

②可控/不稳定
将失败归因于自己不够努力

对生活有益的
行为经济学

10

经验影响判断

我们在预测未来时很容易依赖过去的经验。然而，有时经验会影响我们做出合理的判断。

我们会如何判断未来的动向呢？一般情况下，我们常常根据过去的经验或情况来思考。这叫作夸大因果关系。之所以说是夸大，是因为过去的经验或情况未必能构成将来变化的原因。当然也不能否定其中的因果关系。因此，我们必须慎重地考虑将来是否会发生与过去同类型的事件。

夸大因果关系

虽然预测机构 A 猜中了 2 跑道的马，B 都没猜中。但仅根据这一信息就判断 A 更厉害，还为时过早吧。这就是夸大因果关系的行为。

我们是无法准确地预测未来的。因为未来是不确定的。所以我们在预测时，最好多想几种可能性，这样更容易适应未来的变化。问题在于描绘各种可能性需要花费时间和精力，而根据经验预测未来的话，会更快更直接。需要注意的是，有时经验会妨碍我们做出合理的判断。

如何解决夸大因果关系的问题

● 准确预测未来是不可能的。

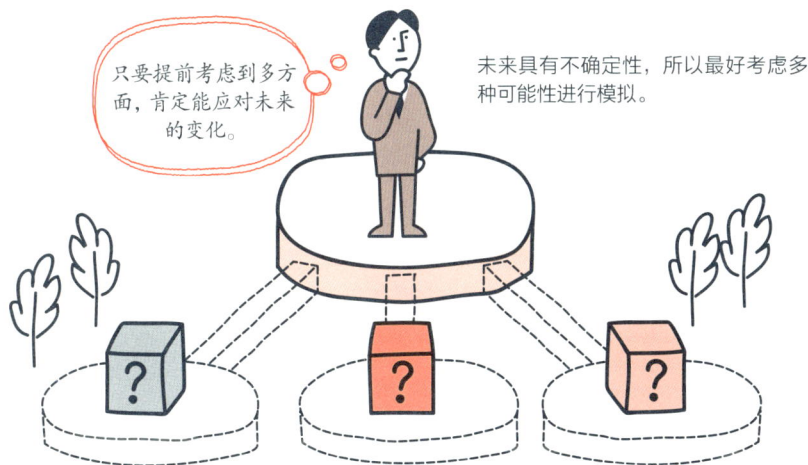

只要提前考虑到多方面，肯定能应对未来的变化。

未来具有不确定性，所以最好考虑多种可能性进行模拟。

● 日常生活中夸大因果关系的案例。

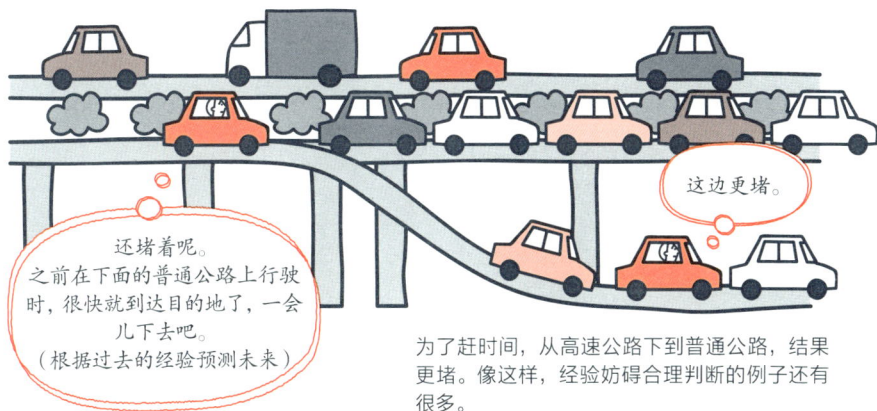

这边更堵。

还堵着呢。
之前在下面的普通公路上行驶时，很快就到达目的地了，一会儿下去吧。
（根据过去的经验预测未来）

为了赶时间，从高速公路下到普通公路，结果更堵。像这样，经验妨碍合理判断的例子还有很多。

对生活有益的
行为经济学

11

非理性的心理账户

即使是同样金额，在不同情况下，有时我们会感觉很高，有时感觉很低。可见我们的心理账户经常动摇。

我们的内心经常发生动摇。有时认为 150 日元的茶很便宜，有时却认为很贵。影响我们产生这种不同感受的是心理账户。心理账户指的是我们在进行决策时，会将每一项交易费用都记在对应的心理结算项目上。当我们认为 150 日元的茶很便宜时，心理账户上会记下"口不渴了"这个结算项目，这就意味着"口不渴了"这个结算项目价值 150 日元。

非理性的心理账户案例

心理账户是一种在进行付款等经济行为时，对这一经济行为进行思考、评价和管理的认知活动。

比旁边那家超市贵啊。

当季黄瓜
一根只要 200 日元

低价家电

低价超市

要不要一起买呢？

如果和这个 25 万日元的冰箱一起买的话，原价 5 万日元的洗碗机只要 2.5 万日元哦。

虽然图中的主妇将 200 日元的黄瓜和更便宜的黄瓜比较时，认为 200 日元的黄瓜很贵，但看到和高价商品搭配出售的洗碗机时，又会觉得 2.5 万日元很便宜。

有时心理账户会导致我们做出非理性的决定。假如一家公司实施了项目X和项目Y，虽然项目X是社长负责的，但经常出现亏损，很难改善。与此相对，项目Y是年轻员工提出并实施的，经常赢利。按理说是应该放弃项目X的，但事情并非如此简单。这是因为负责人会考虑"维护社长的面子"，即使知道最后会失败，也很难立即停止这一项目。这种例子随处可见。

影响心理账户的情感

人的各种情感都在无形中影响着人的心理账户

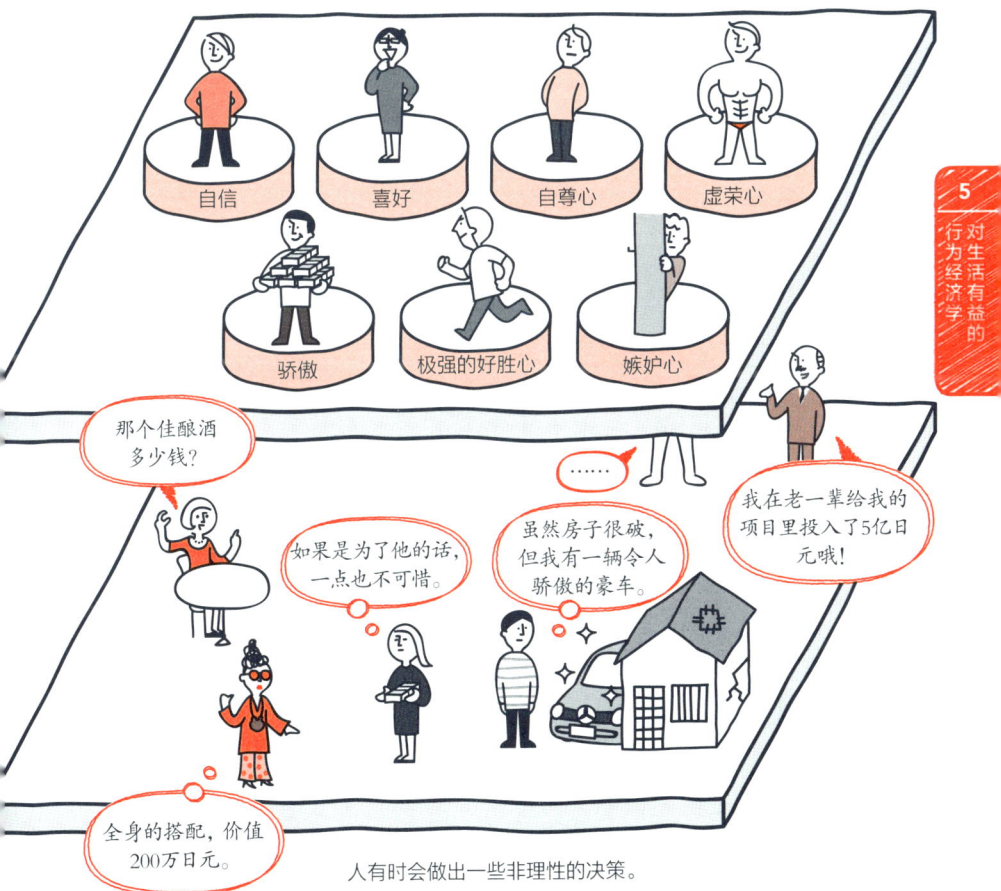

自信　喜好　自尊心　虚荣心

骄傲　极强的好胜心　嫉妒心

那个佳酿酒多少钱？

如果是为了他的话，一点也不可惜。

虽然房子很破，但我有一辆令人骄傲的豪车。

……

我在老一辈给我的项目里投入了5亿日元哦！

全身的搭配，价值200万日元。

人有时会做出一些非理性的决策。

对生活有益的行为经济学

12

个体的行为会唤起群体的行为

人们有时即使没有明确的根据，还是会受到别人的影响，而在无意中采取和他人同样的行为。

当我们采取新的行动时，常常根据自己拥有的信息，以及提前采取行动的人的信息进行决策。同样，我们可以思考一下投资股票时的情况。市场上有很多投资者，他们都平等地拥有着自己独有的信息。假如 A 先生购买了股票，B 先生见状，开始分析 A 先生的行为，判定 A 先生一定是因为掌握了股价会上涨的信息才购买了这只股票的。因此，B 先生根据这个判断和自己掌握的信息，最后也购买了这只股票。这持续下去，就会有很多人跟风，不再重视自己独有的信息。这就是信息瀑布。

信息的传播导致从众心理

提前买下A公司的股票吧。

他买了A公司的股票啊。他可能掌握了什么有利信息。

买A公司股票的人好多啊。

A公司的股票绝对比较特别。

有时候就因为某个小小的行为或信息，人们就可能没有任何明确根据地跟风实行某个决策。

不早点买的话可能会亏钱。

为什么A公司的股票这么受欢迎？

最近大家都在买A公司股票。

信息瀑布

嗯，完全就像瀑布一样。

瀑布（Cascade）指的是呈阶梯状连续的水流。就像一股水流（信息）在向下流动时，会不知不觉地变成一股激流一样，某个人的某个行为也会引发群体的行为，导致从众心理的膨胀。这就是买家互相影响的原理。网上也有类似的情况。你在微信上发布一些信息，可能会引发很多人的行为，带来一定的社会影响。网红博主之所以在网络营销领域颇受重视，就是因为他们的行为会产生信息瀑布的效果。

抢购卫生纸风波的发生机制

1973年石油危机发生时，日本出现了抢购卫生纸风波。这起事件也是由信息瀑布导致的羊群效应（从众心理）。

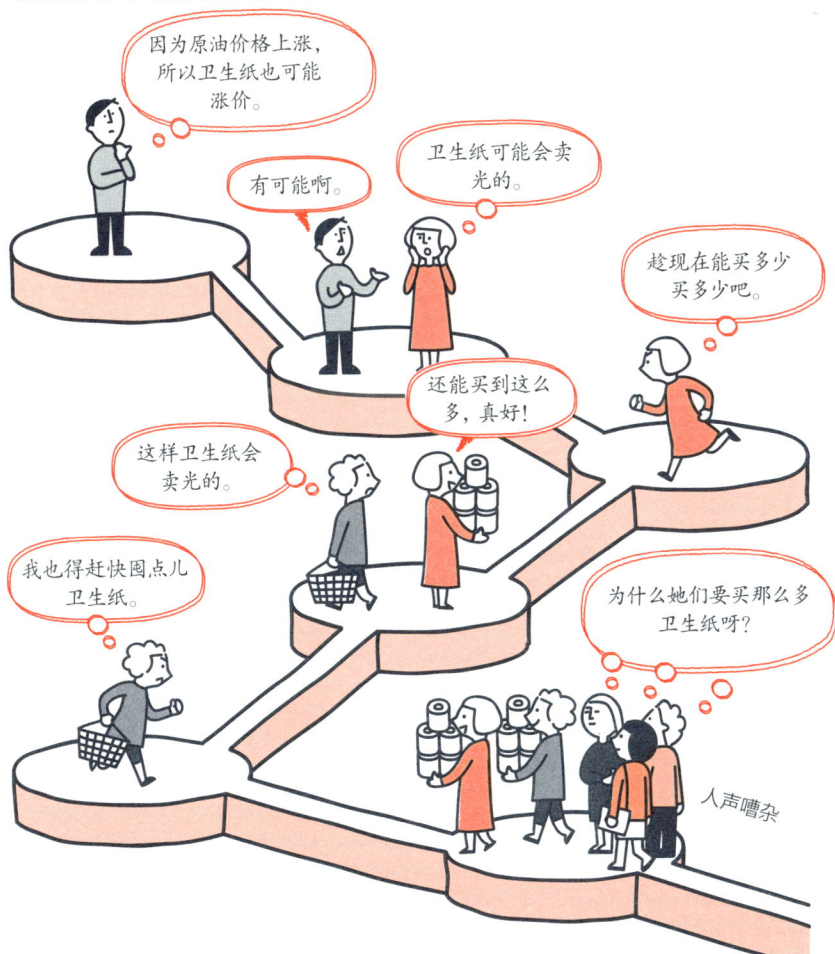

根据动漫《海螺小姐》的收视率就能了解经济状况吗？

景气来源于气。举个常见的例子，当经济不景气时，是很难涨工资的。有时有些企业为了降低成本，也有可能停止加薪。因此，一到周日傍晚时分，人们就开始犹豫是否要和家人一起出去下馆子。

那结果如何呢？当然是选择在家度过。很多人会选择在家一边吃饭，一边看《海螺小姐》。因此，当经济不景气时，《海螺小姐》的收视率就会出现提高的倾向（可能根据星期日同一时间段其他节目的收视率，也可以说明这个问题）。

此外，人们普遍认为经济不景气时，穿深色衣服的人会增加。虽然我们的内心未必总能保持理性，但只要关注每个个体的行为或社会的变化，就很容易把握经济的发展状况。

6

学习行为经济学，
不被促销诱惑

应用行为经济学理论最多的领域是市
场营销。消费者为了不被各种促销活
动迷惑双眼，学习行为经济学也是非
常有帮助的。

学习行为经济学，
不被促销诱惑

01

针对规避损失心理而制作的营养补充剂广告

除了损失金钱，人们在损失其他方面的东西时，也会产生想要规避损失的心理。广告等行业常常利用我们的这种心理。

请大家回忆一下我们之前讲过的价值函数表。我们都想规避损失，也就是说我们不想让自己手里的东西贬值，这是很多人的真实想法。因此，一旦出现收益，我们就会满足当时的收益水平，立即确保当前的收益。我有一个女性朋友，她每次用完化妆品的试用装之后，总会买下那个化妆品。这就是因为她想一直获得试用装给她带来的一时的满足感。

获得的喜悦（满足感）是难忘的

▨ 消费者的心理

虽然试用品是免费获得的，然而，一旦从中获得满足感，为了保持这种满足感，就很想继续购买。

反正也是免费的，要不试一下？

这是您的快递。

是之前的营养补充剂。

总觉得最近皮肤变得很光滑，还得持续服用。

广告

这也是损失规避心理的一个例子，营养补充剂的广告正是利用了人的这种心理。无论是试用品，还是试用价格，人们只要用一次便难以罢手。如果不使用，满足感就会降低，这对我们的内心来说就是产生了损失。笔者称之为心理的惯性定律。与物理世界一样，心理世界也会产生想要维持现状（习惯的状态）的倾向。

心理的惯性定律能带来利益

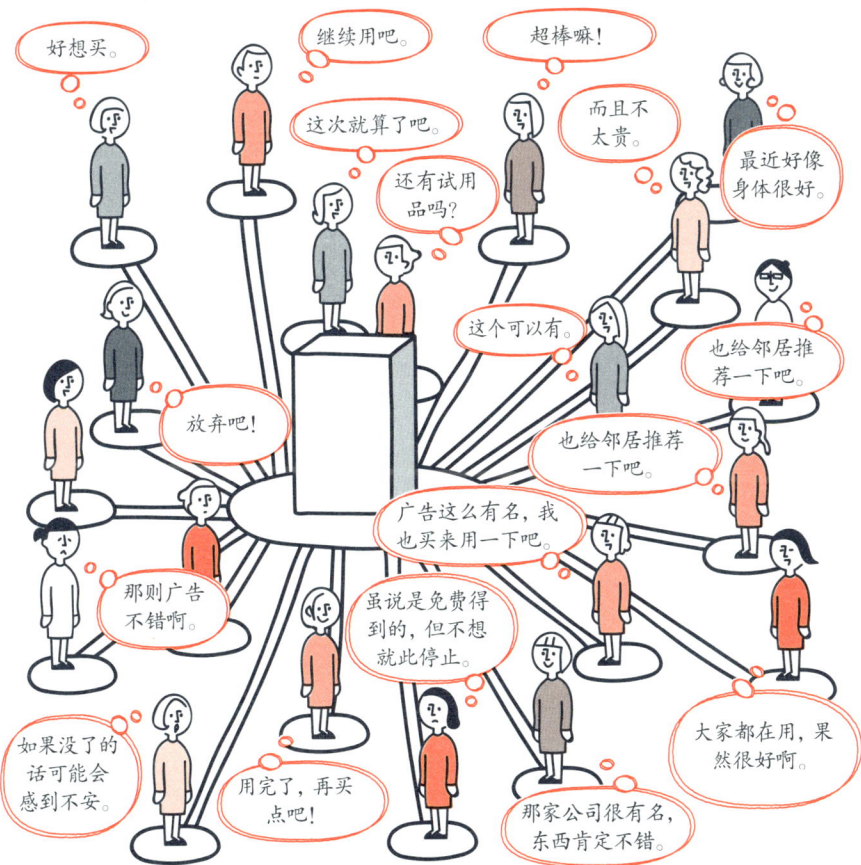

公司会在广告宣传、试用品制作等方面投入大量资金，这是因为如果让用户使用一次后，获得满足感，用户用完后，内心就会感到产生了损失，于是很有可能购买该产品。假如超过一半的用户只使用了试用品，不打算购买，只要其余的用户持续购买该产品，对公司来说也能够赢利。

02

学习行为经济学，
不被促销诱惑

限时半价就能赚钱？

有时商家会通过大减价来销售商品，无论价格降低多少，只要能赚钱，这种营销战略就行得通。

　　企业的市场营销常常关注我们希望维持一定满足感的心情。坦率地说，企业只要让用户产生想要维持现状的心理，那么这位用户就会成为长期购买该公司产品的重要客户。原因很简单，那就是以前没有获得满足感对客户来说是一个损失，为了规避这种损失，他就会持续购买并使用该公司的产品。

人们不断追求满足感

哎？之前打七折买的营养补充剂快没了。用起来挺好的。

将仓鼠放到筐子里，仓鼠就会在轮子上一直跑，这是因为仓鼠有一个习性，即通过不停的跑，来寻求食物或确认自己的地盘。人类同样如此，因为我们想持续获得一定的满足感，不想丧失一度感受到的喜悦，所以会持续购买喜欢的商品。

营养补充剂的广告通过限量销售、限时七折等手段，果断地设定一个价格。有人问我："这样能赚钱吗？"大家想一下如果不赚钱的话，企业会打出这样的广告吗？赚钱在日语中写作"储"，把这个字拆开就是"信者"，所以只要用户相信产品的效果就万事大吉了。相信有效果的人会很难停止使用。就像这样，因为有消费者不断维持着摄取营养补充剂这一现状，所以企业可以确保利益。这就是限时半价的圈套。

限时七折的圈套

长期持续下去的话，服用营养补充剂的习惯也会变成人们维持现状的偏好。

低价买到了。

没有它总觉得状态很差啊……

今天购买的产品

一年后

只要他买一次我们的产品，就会成为我们的长期客户。

这么便宜，店家还能赚得到钱吗？

限时 七折！

提供身体所需营养

营养补充剂

营养补充剂全年大促销！！

03 学习行为经济学，不被促销诱惑

为什么免费的网络服务可以赢利？

有些商品或服务很容易让人产生疑问：明明是免费的，商家是怎么赚钱的呢？殊不知这种免费的服务更能捕获人心。

人都有一种不管商品价值高低，一分钱也不想失去的心理。假如商店正在卖两款巧克力，一种是 50 日元的高级巧克力，一种是 20 日元的普通巧克力。当然高级巧克力更好吃。如果开始降价销售，高级巧克力卖 20 日元，普通巧克力免费。按理来说，高级巧克力能让人获得更大的满足感，然而，实验证明免费的普通巧克力更加受人青睐。

人都难以抵制免费的诱惑

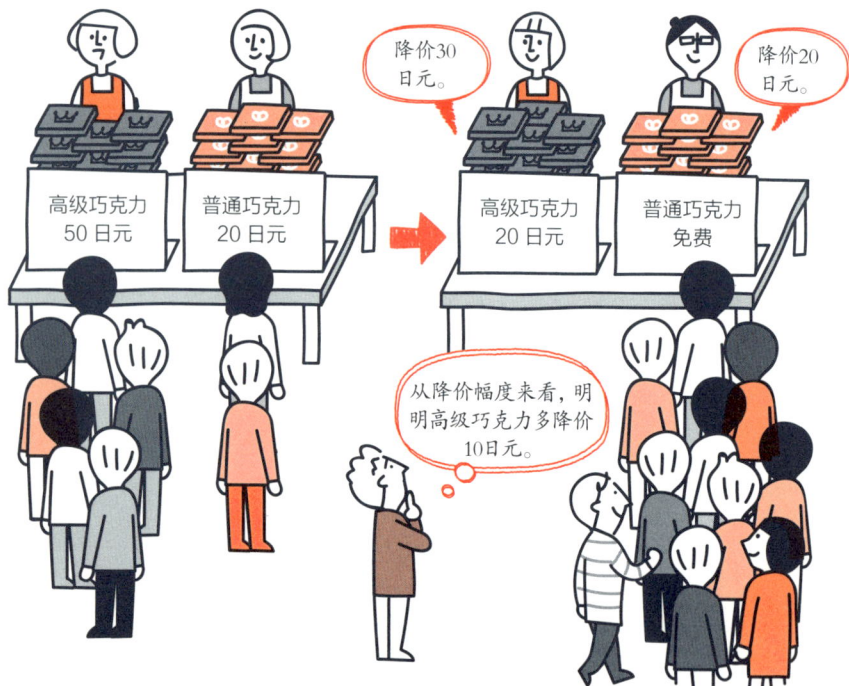

降价30日元。

降价20日元。

高级巧克力 50 日元

普通巧克力 20 日元

高级巧克力 20 日元

普通巧克力 免费

从降价幅度来看，明明高级巧克力多降价10日元。

也就是说，我们常常选择免费的东西。企业只要抓住人的这种心理，就能获得更多客户。互联网企业就是一个典型范例，谷歌的搜索引擎是免费的，脸书（Facebook）也是免费的，很多人受到这些免费服务的诱惑，而成为它们的用户。只要其中一部分人开始使用其中的付费服务，企业就能获得利润。使用免费服务的用户越多，可能使用付费服务的用户也会增加，这样广告收入就会增长。这就是企业提供免费服务的原因。

用户越多商机越多

提供免费服务的互联网企业常常通过广告收入和付费服务获得利润。

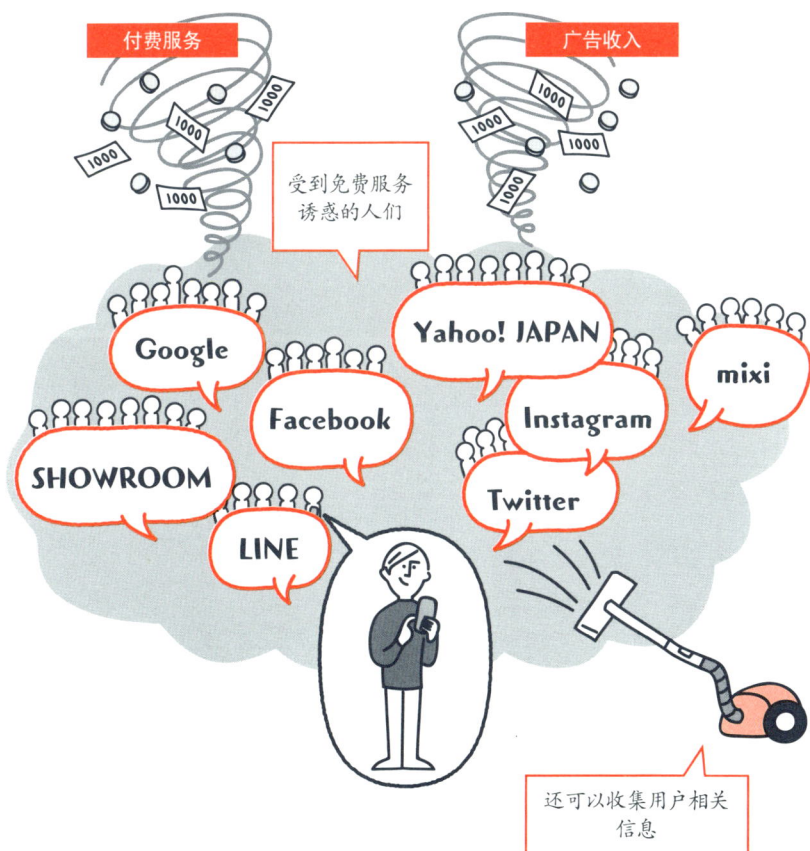

付费服务

广告收入

1000

受到免费服务诱惑的人们

Google
Yahoo! JAPAN
mixi
Facebook
Instagram
SHOWROOM
Twitter
LINE

还可以收集用户相关信息

04

迪士尼乐园总是在排队

我们很容易相信大多数人喜欢的东西就是好的东西，这种心理倾向被称为从众效应。

曾经很多商业街都可以看到化装广告员（为商店开张、商品发售、电影戏剧演出等做宣传的街头艺人。——译者注）。其实，这些化装广告员是因为承包了商业街的宣传任务，才在大街上边走路，边热闹地敲大鼓和吹奏各种乐器的。然而我们大多不知情，只是单纯地受到热闹气氛的吸引，而紧随其后，最终到达商业街。等反应过来时，身边购物的人已经人山人海。受此影响，我们也开始购物。这就是从众效应。

利用从众效应的市场营销

市场营销中利用从众效应，诱导人们以为"这个正在流行""和大家一样买到这个就安心了"等是非常重要的。

打出"库存紧张""限量××份"的旗号，故意让人排队，那么看到这条长长队伍的人也想加入其中。

当天限量9份
北海道梦幻拉面

在官网主页上刊登"顾客高度好评的菜单""顾客口碑"等内容。

从众效应是指对于很多人支持的某种情况，即使是对此毫不关心的人也认为这种情况很好，从而采取和身边人相同行为的心理活动。只要商家善于利用这种心理，就能招揽客人（让更多人来店里消费）。迪士尼乐园就是一个很好的例子，比较火的娱乐项目前面总是排着长长的队，而看到这种情形的人，不知为什么也想加入其中，结果队伍越来越长。像这样，很多市场营销活动都是利用了从众效应。

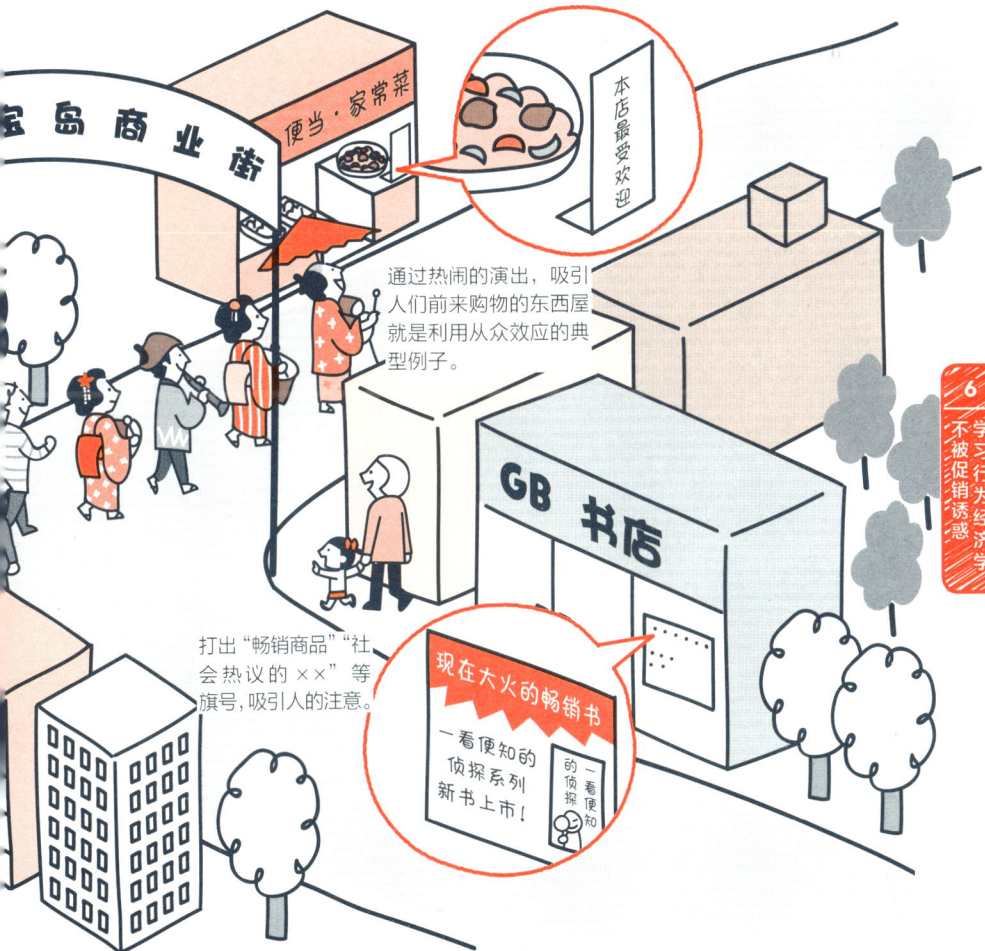

写上"最受欢迎"等字眼，就会引起人的注意。

本店最受欢迎

便当·家常菜

宝岛商业街

通过热闹的演出，吸引人们前来购物的东西屋就是利用从众效应的典型例子。

GB 书店

打出"畅销商品""社会热议的××"等旗号，吸引人的注意。

现在大火的畅销书

一看便知的侦探系列新书上市！

一看便知的侦探

万圣节为何突然在日本流行起来？

不知不觉间，万圣节已在日本固定下来，其内在原因就是我们喜欢成群结队的心理倾向。

在从众效应中，会出现一个人们明确追随的象征物，类似乐队彩车、化装广告员等。但有时候，即使没有吸引人的明确的象征物，我们也会和周围的人保持一致。这就是羊群效应。总而言之，我们内心讨厌单独行动，喜欢和大家一起行动。

一起行动会感到安心

从众效应说明人很容易被多数人的潮流吸引，即使没有一个普遍追随的象征物，人们也往往会与周围保持一致。

大家聚在一起干什么呢？要不我也加入吧。

只有我单独一个人，不和大家保持一致的话，很慌啊。

万圣节就是一个很好的例子。虽然不知是由谁开始的，关于日本人过万圣节人数增加的原因有很多说法，很难下定论，但每年只要临近 10 月 31 日的万圣节，从杂货店到大商场就都开始卖万圣节用品。这个案例也说明了人们具备无意中模仿周围人行动的从众心理。

从众心理影响下的万圣节

虽然不知道具体原因，但万圣节已经深入日本人的生活之中。其内在原因就是人们受到从众心理的影响，纷纷采取和周围人相同的行为。

学习行为经济学，
不被促销诱惑

06

随处可见的"蒙特金奖"

人们都有一种难以反抗权威，无条件相信权威人士或专家言论的倾向。

我们都有一种相信权威，对权威的正确性深信不疑（绝对服从）的倾向，这叫作服从权威。假如这里有两本书，一本是某大学外聘讲师所著，有关健康的书，另一本是医疗界专家、大学教授所著，有关健康的书，比较两者，我们很容易认为后者更好。也就是说，比起内容，有时我们会根据作者的社会地位做出判断。

人们很难抵抗权威

我们从小就伴随着父母、老师等"权威"而长大，一般来说，我们很容易听信教授、律师和医生等专家的意见。

国宝级人物

大学教授

医生

经理

上司

律师

父母

老师

感觉大家说的都是对的啊。

最近各种各样的零食或酒水都被贴上了"蒙特金奖"的标签，这正是利用了人们服从权威的心理。因为人们一听到"蒙特金奖"，就认可该商品与众不同的价值。为此，企业纷纷向蒙特奖总部支付评审费，企求得到好评。蒙特奖官网上也清楚地写明了该奖具有保证商品质量等特点。

随处可见的权威

虽然有时我们容易受到权威的影响，认为某个物品很好，很与众不同，但用自己的大脑进行思考和分析同样十分重要。

学习行为经济学，
不被促销诱惑

07

艺人的广告费很高是有原因的

广告战略最重要的是提高知名度和给人留下印象。为此，就需要邀请当红艺人，利用晕轮效应，加强影响。

我们在评价事物时，往往会根据一些一目了然的特征做出判断。比如我们会认为"因为他是名校毕业的，所以很优秀"。这就是晕轮效应。"Halo"不是"你好"的意思，指的是太阳或月亮周围伞状的光晕。就像看到四射的光芒一样，在晕轮效应的影响下，我们会对事物的一些突出的特征做出过高的评价。反之亦然。

根据突出的特点进行整体评价的晕轮效应

简历上写你很擅长英语。

是的，托业我考了900分。

面试会场

厉害！看起来很能干。

近年来，在全球化的影响下，日本尤其重视英语能力，因此在普通招聘中面试官也常常关注应聘者的英语水平。于是很容易简单地认为"擅长英语＝优秀"，实际上英语能力和业务上的专业能力完全是两码事。尽管如此，还是有很多人过于重视英语能力，从而对那些英语水平高的人给予过高的评价。

晕轮效应发挥作用的另一个例子是化妆品的广告。商家为了宣传化妆品的效果，会邀请经常登上"日本女性最憧憬的颜值榜单"的女星或演员，进行宣传。看到广告的人会想"用了这款化妆品可能会变得和她一样漂亮"，于是产生了购买欲。这就是晕轮效应。越希望晕轮效应发挥作用，就越需要邀请受欢迎的明星来宣传。随着商品销售额的增加，广告费也会增加。

明星就是商品的代言人

在晕轮效应的影响下，出演广告的明星越受欢迎，宣传的商品就越有人气。另外，广告宣传的规模越大，其效果可能也会越明显。

在广告中，明星的形象就像四射的光芒一样，能够提升产品形象，勾起消费者的购买欲望。

学习行为经济学，不被促销诱惑

08

死亡率 20% 的手术成功率很高？

有时虽然概率相同，但是如果说法不同，给人的印象也会完全不同。这究竟是怎么回事呢？

解释或通知的方式不同，我们做出的决策也会不同。我们试想一下，有人对你说距离考试"还有一周"，另一个人对你说距离考试"只剩一周"，你会作何感想。一定是后者更能让你产生更加强烈的紧迫感，因此会比以往更加专心地学习，不遗余力地准备，这就是框架效应。

框架效应的案例①（通知手术）

一旦思想受到框架的束缚，决策就会发生变化。

> 手术成功率是80%。

> 这样的话，就为我做手术吧。

> 手术的死亡率是20%。

> 我果断拒绝！

☑ **概率明明相同……**

虽然手术的成功率是一样的，但不同表达方式会让人欢喜让人忧。

框架效应中的框架（frame）在英语语境当中，既有组装东西的意思，又包含了使人陷入某处的含义。也就是说，描述方式不同，人们对此的理解也会不同。比如，一位医生对你说"手术后，死亡的概率是20%"，另一位医生对你说"手术成功的概率为80%"。显然后者的说法更容易让人接受。虽然两者的客观概率相同，但不同的描述方式会给人带来不同的印象。

框架效应的案例②（促销）

商家在促销时，会推出各式各样的宣传语，这也是框架效应的一种。

● 处理库存

我们常常认为处理的东西一定便宜，但实际上，暂且不说它是否真的便宜，其实里面未必有我们真正想要的东西。

● 关店促销

与"处理库存"一样，我们常常自以为关店时卖的东西一定便宜。然而，实际上，这家店可能不是真正关张，而是因装修而促销。

大出血商业街

● 亏本经营

虽然我们常常认为店家会以批发价或成本价销售那些难以处理的库存，但基本上店家很少亏本销售。

● 大甩卖

人们一听到打折，就很慌张，想着必须趁还有好东西的时候赶过去。但其实打折商店有很多，没必要慌张。

"一个月3000mg"比"一天100mg"多?

有时虽然分量相同，但是如果用比较大的数字来描述的话，会给人截然不同的印象。这也是框架效应的一个表现。

我们在解释框架效应时，常常举这个例子：当我们看到半杯水时，脑海里想的是"还有一半"，还是"只剩一半"呢？面对同样的半杯水，人们的认知却有很大差异，认为"还有一半"的是乐观者，认为"只剩一半"的是悲观者。这种框架效应在商品的市场营销等领域也得到了广泛的应用。

表现方式不同，给人的印象不同

日常生活中，框架效应随处可见。即使是同一商品，只要稍微变换一下描述方式，人们的认识就会不同。

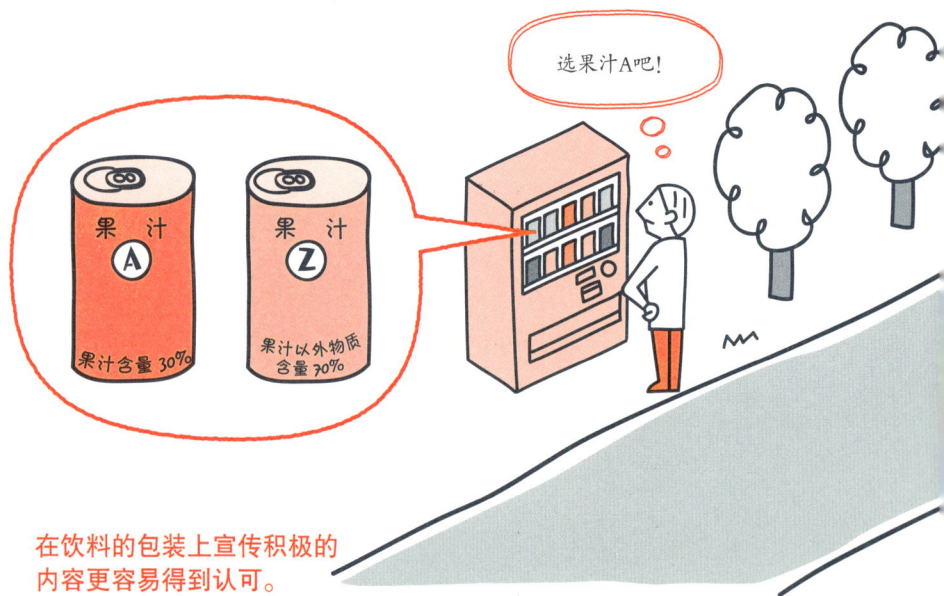

选果汁A吧!

果汁 A 果汁含量30%

果汁 Z 果汁以外物质含量70%

在饮料的包装上宣传积极的内容更容易得到认可。

比如，有一种保健品一瓶有 30 粒，每一粒都配制了 100mg 的胎盘。宣传的时候，一种说法是"每天喝一粒，可以摄取 100mg 的胎盘"，另一种说法是"一个月可以摄取 3000mg 胎盘"，哪种说法更能招揽客人呢？答案是后者。也就是说，即使最终利益相同，还是"现在能感受到巨大的利益"更吸引人。

在金钱方面，比起显示总额，用小的数字显示单价显得更便宜。

即使是相同时间，比起用"小时"显示，用"分钟"显示更容易给人时间短的印象。

电费
一年 96000 日元
Ⓐ 电力公司

电费
一天 267 日元
Ⓑ 电力公司

选B电力公司的吧。

到触忌湖
所需时间
一小时三十分钟
（大巴）
大和旅行社

到触忌湖
所需时间
90 分钟
（大巴）
草原旅行社

虽然时间相同，但却感觉90分钟更短啊。

也不知为什么，总感觉1000mg比1g更赚。

便利店
24

营养饮品
牛磺酸
添加1000mg

营养饮品
牛磺酸
添加1g

描述健康饮料的成分含量时，将"g"换成比它小的单位"mg"，然后把数字变大，这样更能给人留下含量很多的印象。

学习行为经济学，
不被促销诱惑

10

为什么带模型零件的杂志很畅销？

销售带赠品的杂志，是利用了买家为了从已经支付的钱里获得更多的满足感，而继续投入成本的心理。

已经使用的、无法挽回的费用被称为沉没成本。玩弹珠机花掉的钱就是沉没成本。虽然已经消费了，无法收回了，但是有时候我们想方设法地从已经支付的沉没成本里获得相应的满足感。换句话说，我们决定花钱做某些事之后，沉没成本的影响是很大的。

分期杂志应用沉没成本的案例

不断购买分期杂志的人会随着投入资金的增加，产生"现在放弃的话太可惜了"的心理，很难中途放弃。

创刊号400
日元。

好便宜！
买一本吧。

看广告了吗？

登山口

好想要！

创刊号发售时会进行大量的促销宣传，尽可能地吸引更多客户。

换个角度来说的话，我们这么做是想获得满足感，让自己觉得已经收回了沉没成本。商家正是看准了人的这种心理活动，才推出了很多带有机器人或汽车零件的杂志。每个月的杂志都会附赠各种各样的模型零部件，这个月是引擎，下个月可能是内部装备。为了组装成一个完整的模型，就必须每个月都买杂志。如果少买一次，就无法完成组装，也就是说之前的沉没成本都白费了。正因为人们都有避免这种情况的心理，所以分期杂志才得以畅销。

越接近完成，人们为了从已投入的成本中获得满足感，会深深陷入其中，无法自拔。

从第2期开始变成900日元了啊。

还有10期啊……现在已经买了50期了，事到如今已经无法放弃了。

虽说已经买了10期，要不还是到此为止吧。

成本山

山顶

要花多少钱呢？

一定要坚持到最后！

下山O

下山O

好像离山顶还有很远。

从第二期开始，购买者会不断减少，然而商家已经提前预想到了这一点，所以损失（退货等）很少。

学习行为经济学
不被促销诱惑

11

有了背景音乐，红酒就能卖得好？

近年来，虽然行为经济学受到越来越多人的关注，但其实很多人对它并不是十分了解。

音乐具有不可思议的力量。听了舒缓的音乐，心情会变得安宁。去听摇滚乐队的演唱会，会变得非常激动。音乐在无形之中影响着我们的心情。美国西肯塔基大学教授罗纳德·米利曼做了一个有关背景音乐的实验：通过改变饭店的背景音乐，观察顾客的行为有何不同。结果显示，当播放舒缓的背景音乐时，客人在饭店的用餐时间更长。

（Ronald E. Milliman[1986]The Influence of Background Music on the Behavior of Restaurant Patrons, Journal of Consumer Research, Vol. 13, No. 2 (Sep., 1986), pp. 286–289）

背景音乐的节奏不同消费行为就不同吗？

米利曼教授在超市通过播放节奏快的音乐和节奏慢的音乐，调查了不同的音乐节奏会对消费者的消费行为有哪些影响。

节奏快的背景音乐	节奏慢的背景音乐

该买的都买了。

接下来有什么事来着？

这家店给人的感觉很舒服。

那个也买了吧！

背景音乐节奏快时，消费者在超市购物的时间会比节奏慢时更短。

背景音乐节奏慢时，消费者在超市购物的时间会变长，人均消费额也会增加。

米利曼教授的实验结果显示了可以通过改变背景音乐，来改变消费者的行为，这对企业而言是一个有利的结论。此外，英国心理学家阿德里安·北等人的研究显示，比起没有背景音乐，播放强烈厚重的背景音乐（奥尔夫的布兰诗歌）时，顾客会更喜欢口味厚重的红酒。

背景音乐不同会导致想买的东西不同

播放的背景音乐不同，消费者喜欢的红酒品种会发生变化。通过在商店里进行实验，他们调查了背景音乐对消费行为的影响。他们在商店放了价格相同的法国红酒和德国红酒，通过轮流播放法国音乐和德国音乐，来调查红酒的销售情况。

如果播放法国音乐……

通过采访消费者……

为什么买了这个红酒呢？

也不知为什么就买了。

好极了

卖出了 40 瓶法国红酒和 8 瓶德国红酒。

如果播放德国音乐……

多谢多谢

背景音乐？怎么回事？

调查发现几乎所有消费者都没意识到自己受到了背景音乐的影响。可见，有时人们在做决定时会不知不觉地受到音乐的影响。

卖出了 22 瓶德国红酒和 12 瓶法国红酒。

注）卖出红酒的数量为大概估计。

周末报纸里传单变多的原因

平时报纸里夹的传单也是企业巧妙的市场营销战略。

信息的可利用性是指我们在进行决策时，信息的可利用性越大越容易受到过高的评价。这里说的可利用性分为物理上容易获取的信息和记忆犹新的信息。因此，企业为了吸引消费者，尽可能提供更多的信息是非常重要的。不过，如果提供了信息，而无法吸引顾客的话，仍然毫无意义。

"容易留下印象"的信息利用率增加

据说最容易给人留下印象的记忆包括四个特点：最新、显著、鲜明、协调。

鲜明

如果发生的事情在某种意义上冲击力很大，也很容易给人留下印象。

最新

最近发生的事情很容易给人留下印象。

与情感的协调

与自己的知识等相协调的信息很容易给人留下印象。

显著

一些很显著的事物·现象也很容易给人留下印象。

大家注意到周六周日的报纸里夹的广告比平时多了吗？周一到周五，很多人都出去工作，都很忙，所以基本不会有慢悠悠地看特卖品和汽车广告的时间。但周六和周日大家空闲的时间比较充裕。因此，企业看准这一点，在周末的报纸里放入大量的传单。之所以这么做，就是希望通过给人更多可利用的信息，唤起顾客的消费欲。

周末折叠传单变多的原因

因为平时没有悠闲看报的时间，所以很可能不看某些信息。

周六日很多人都休息，所以有时间慢慢看报，因此很多信息很可能成为他们可利用的信息。

应该何时插入面向男性客户的传单呢？

报纸是人每天都看的，所以物理上的利用可能性比较高，但在繁忙的工作日早晨，人们一般没有时间浏览中间夹入的传单。

one point

选择性认知

人们会忽视对自己不利的信息，具有一种选择性认知倾向。无意识地忽视那些对决策不利的信息。

越被禁止反而越想
尝试的心理

在孩子小的时候，越对他说"不许看电视"，他反而越反抗。为了给他解释原因，真是绞尽脑汁。这个例子很好地反映了人们爱唱反调的本性，越是禁止做的事，反而越想做。这就是卡里古拉效应。卡里古拉效应一词源于美国和意大利共同制作的电影《罗马帝国艳情史》，该电影以罗马皇帝卡里古拉为主角，因内容过于露骨，在部分地区遭到禁播，结果吸引了更多人的关注。如果有人对你说"不许吃零食"，你反而变得更想吃；如果有人对你说"不许在走廊里跑"，你反而更想跑。也就是说，一旦"想在走廊里跑"的欲望被扼制（禁止），内心就会产生不满，于是很难顺从对方。

瘦身食品等广告利用了卡里古拉效应，故意打出"对自己身材有自信的朋友请勿食用"这样的广告词，其实这样反而能吸引更多人的注意。

7

应用领域不断扩大的行为经济学

近年来，行为经济学不仅在金融和市场营销等领域得到应用，在政策制定方面也得到广泛的运用。助推理论更是在世界上备受瞩目。

01 现在和一年后，哪个更重要？科学解释急性子

双曲线贴现模型理论可以从理论上解释我们认为现在比将来更重要的心理。

很多人在被问到"你是希望现在获得 10000 日元，还是希望一年后获得 11000 日元"时，基本所有人都会选择现在获得 10000 日元。这是因为我们对时间并没有客观的认知。思考这一问题的关键词是"贴现率"。贴现率是指将未来价值换算为现值所使用的利率。使一年后的 11000 日元和现在的 10000 日元等值的比率是 10%。

比起未来，我们更重视现在

即使我们知道未来能获得利益（喜悦），还是容易优先考虑眼前的利益。

如果银行存款利率是一年 0.010% 的话，一年后 10000 日元就变成了 10001 日元了……

也就是说，如果一年后我能得到 11000 日元的话，比存到银行更赚？

但是，我还是想先把 10000 日元拿到手里。

如上图所示，可能很多人都有类似的经历，比起一年后的 11000 日元，我们更容易选择眼前的 10000 日元。

我选一年后获得 11000 日元吧！

行为经济学家

日本银行的存款利率相当高，达到了 10%（截止到 2018 年 6 月末每年的定期存款利率是 0.010%）。即使如此，他还是想现在就把 10000 日元拿到手，可见他是多么着急。行为经济学认为时间越长，我们的急切程度（贴现率）就越趋于稳定（两级贴现模型）。然而，传统经济学认为即使时间增加，贴现率也是固定不变的。

双曲线贴现模型是什么

双曲线贴现模型和传统经济学的贴现模型

如图所示，传统经济学认为贴现率不会随着时间的增加而变化。

无论是今天还是一年后，贴现率都是一样的。

传统经济学思维

行为经济学认为随着时间的推移，急切程度会降低，也就是说贴现率会变低。

今天有两个教授啊。好难得啊。

行为经济学思维方式

噢~

哎呀？我原以为是今天，怎么是三天后呢？根本等不了啊。

不是一年，是一年零三天啊，我明白了。

由此看来，即使同样是"三天"，比起现在的三天，人们反而不太在意将来的三天。

应用领域不断扩大的行为经济学

02

善于忍耐的人更能取得成功，是真是假？

是否善于忍耐，并不被眼前的事物诱惑，这对我们的人生有着不可忽视的影响。

双曲贴现模型显示我们对今天与明天之间差的一天有着强烈的感受。但是如果时间延长，比如，一年和一年零一天对我们来说却没有什么差别。换句话说，我们很容易先满足眼前的欲望，很难忍耐。很难戒烟就是一个很好的例子。即使他们知道戒烟后身体会变好，但心想着"只抽一根"，于是又不停地抽起来了。

贴现率体现了减肥与戒烟的难度

哎！这样下去很危险哦。

必须赶快减肥了。不过，我就再吃一个吧，最后一个。

过几天我就戒烟，再抽最后一根吧！

▣ 优先满足眼前的欲望

我们虽然知道那样做对身材或健康不利，但还是一边想着不久后会戒的，一边暴饮暴食。这种只是一次而已没关系的想法使我们一次又一次地屈服于眼前的诱惑，坏习惯也迟迟难以改正。

我们会在不知不觉中低估抽烟等坏习惯给我们带来的风险。报告显示，是否善于忍耐对人生具有决定性的影响。这就是棉花糖实验的结论。在棉花糖实验中，研究人员在孩子面前放了一块棉花糖，并告诉他们，"我要出门15分钟，如果你们能坚持等到我回来再吃棉花糖，我会多奖励你们一颗"。结果出现了能坚持到最后的和无法坚持到最后的。后来，研究人员将这些孩子的人生进行了比较，结果发现那些当年能够忍住不吃棉花糖的孩子，在升学考试中取得了更高的分数，人生比较成功。这是解释忍耐重要性的一个很好的案例。

美国的棉花糖实验

大约50年前，在斯坦福大学，以几个四岁的孩子为对象，进行了棉花糖实验。

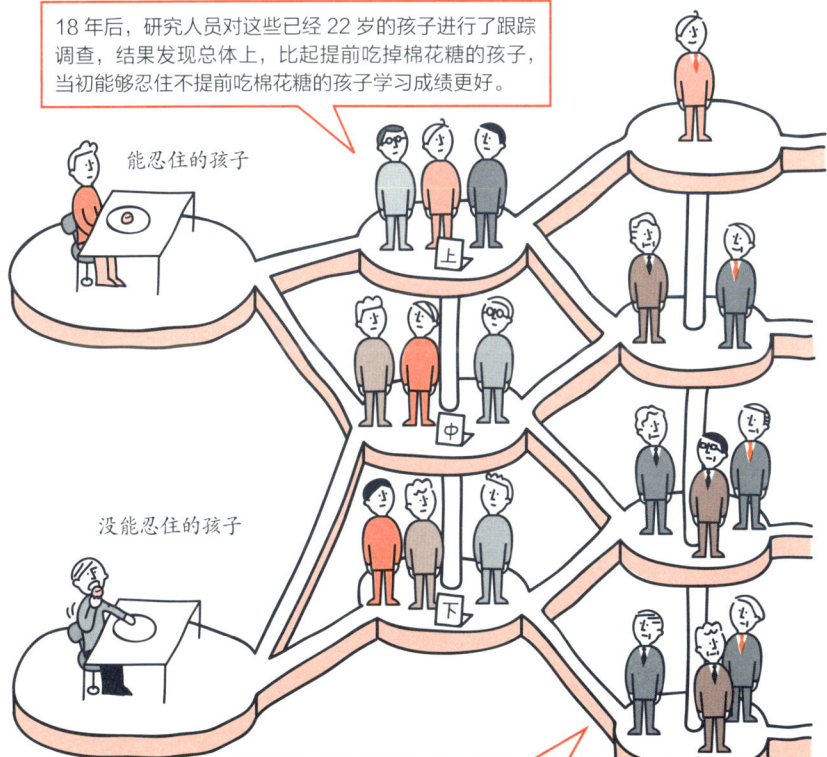

18年后，研究人员对这些已经22岁的孩子进行了跟踪调查，结果发现总体上，比起提前吃掉棉花糖的孩子，当初能够忍住不提前吃棉花糖的孩子学习成绩更好。

能忍住的孩子

上

中

没能忍住的孩子

下

又过了23年后，研究人员对这些已经45岁的人又进行了跟踪调查，结果发现他们22岁时的状态又持续到了中年。

7 应用领域不断扩大的行为经济学

147

03 应用领域不断扩大的行为经济学

一边承认选择的自由，一边引导人们行为的助推

如今，在政策制定方面，理查德·塞勒教授提出的助推理论是最受关注的行为经济学理论。

助推（Nudge）说的是为了引起注意，用胳膊肘轻戳的行为，助推理论是芝加哥大学的理查德·塞勒教授提出的。该理论不是强制别人"必须做这个"，它是在承认对方具有自由选择权的前提下，努力通过其他方式给对方提示，使之做出更好的决策。塞勒教授表示这样做不仅能为个体带来好处，也有利于为社会谋福利。

助推是什么

助推是指既给对方选择的空间，又引导对方选择特定选项的行为。

如上图所示，不直接提醒对方注意，而是通过引导的方式，让某个人或人群做出合理、最佳的选择的行为。这就是所谓的助推。

在我们的日常生活中也常常见到助推理论的应用。比如，我们去便利店时，收银台前贴着箭头，我们看到箭头，就会在不知不觉中沿着箭头加入排队的人群。相反，如果没有箭头，就可能出现我说我先来，他说他先来，收银员说别争吵了，这样争论不休的画面。因此，就像委婉地用胳膊肘轻戳对方一样，如果能建立一个引导人们采取自发行为的机制，人们的行为就会变得非常礼貌有序。

其实经常看到的这个也是助推

大家都知道的这个场景也是助推。

便利店看到的脚印和箭头标签

最近收银台前都贴上了标签，这样一来，即使没有店员的引导，大家也能公平地排队了。

注册电子杂志时的确认框

在网店注册会员账号时，一开始电子杂志的注册确认框里就打着"√"，当然不想注册电子杂志的人可以不打对钩。即使如此注册电子杂志的人也明显增加了。

応用领域不断扩大的行为经济学

04 通过调整菜品的摆放位置就能改善代谢综合征

人越被强制反而越想反抗。利用助推理论可以不加强制地引导人们做出最佳决策。

　　我们被别人指挥来指挥去的时候，很容易产生厌烦情绪。这种限制人的自由，干涉他人选择的想法叫作家长制（父权主义）。因此，给人留有选择的余地是非常重要的。尊重对方的自由选择权，在无形之中介入人的决策过程，引导人们做出最佳决策，这种做法叫作自由派的家长制，即助推。

人人讨厌强制

别迟到。

真是一个不自由的公司。

越是用规章制度强制规范人的行为，人反而越有逆反心理。

本公司实行弹性工作制，上下班时间自由。不过早晨九点前公司的饮料是免费的哦！

早点来才值。

助推是指在给人留有自由选择空间的同时，引导人做出合理的选择。

其实我们可以做到既认可对方选择的自由，又引导大家做出更好的选择。某家自助餐厅进门处摆放了蔬菜，接着是鱼，最后是肉。结果顾客比平时更能吃菜，光吃肉的情况减少了。人们在被要求吃蔬菜时，很容易反抗，但是如果是自己的选择，就会在不知不觉中采取更好的行动。这正是助推理论的应用。

应用助推理论的自助餐厅

在方便拿取的位置放蔬菜，在远一点的位置放肉或甜点，通过这样的摆放方式，经常来用餐的顾客就可以在不知不觉中保持健康，防止过度肥胖。另外，认为最近身体越来越好了的回头客越多，饭店的营业额也会不断增长。

最近身体很好啊！

每次在这家店总会吃很多蔬菜啊！

回头客可能会越来越多。

鱼
沙拉
肉
甜点
汤
面包

应用领域不断扩大的行为经济学

05

日本的助推案例

海外各国已经将助推理论应用到政策制定当中，近年来，日本也开始将助推理论应用到各项政策之中。

其实，在我们所处的社会中，也在实施运用助推理论制定的政策，例如厚生劳动省实施的"特定体检·特定保健指导"政策。该政策以40岁至74岁的人为对象，为了帮助他们改善生活习惯，避免患上生活方式病，专业人士（营养保健师、健康管理师等）会引导他们重新审视自己的生活习惯，并提供相关的指导。

日本实施的为保持健康的助推

● 特定体检·特定保健指导。
生活方式病已经占到日本人口死亡原因的六成，为预防和治疗生活方式病，根据特定体检的结果，专业人士对需要帮助的对象进行个别保健指导。

动机引导
在单独面试或小组互助后，指导对象树立行动目标，六个月后进行评价。

特定体检
从2008年开始实施，一般称为"代谢体检"。

如果成为指导的对象……

积极帮助
在动机引导的基础上，进行三个多月的帮助，同样在六个月后进行评价。

人们对这些举措各持己见，毁誉参半。有人质疑政府是否有能力把握社会整体的合理性，有人说很难判断设置的代谢标准是否合理，而且还可能出现说客请愿、偏袒当地居民的现象，最后演变成对某些特殊人士的特殊照顾。即便如此，这些举措确实成为人们保持身体健康，改善生活方式的契机，具有重要意义。

日本版助推小组

2017年，在环境省主导下，通过产学研的合作，日本开始实施"助推家庭自发采取绿色行动事业"（环境省助推事业）。

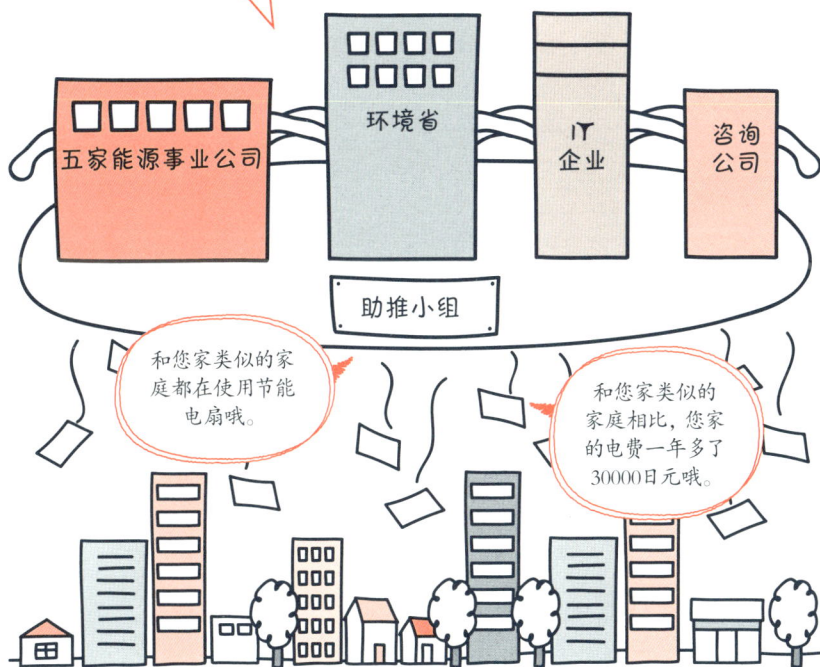

> 面向大约 30 万户，在给他们寄送水电费及用量变化票据时，也附上针对每家每户节能建议的报告书。

> 和您家类似的家庭都在使用节能电扇哦。

> 和您家类似的家庭相比，您家的电费一年多了30000日元哦。

助推小组

该计划尚处于实验阶段，但作为世界上空前规模的助推验证实验，该实验备受瞩目。报告书寄出两个月后，确实看到了低碳·节能的效果。（来自环境省官方网站）

06 助推的其他众多案例

助推理论不仅应用在政策制定方面，在保持机场厕所的清洁和宣传纳税活动等多方面都得到了广泛的应用。

　　助推有数不胜数的例子，其中最闻名海内外的是阿姆斯特丹的斯基浦机场的案例。斯基浦机场男厕所的小便池里画着一只苍蝇，调查发现自从有了苍蝇图后，厕所的清洁费减少了80%。该举措利用人们总想瞄准目标的心理，自然而然地引导人们在小便时保护周边环境，可谓巧妙。当然，使用厕所的人并没有受到任何强制。

斯基浦机场的案例

曾经斯基浦机场的厕所很脏，清洁费居高不下，让员工很为难。

① 于是，在厕所的便池上画了一只苍蝇。

② 这个助推案例利用了人一看到靶子就想瞄准的心理。

④ 结果，厕所变干净了，清洁费减少了80%。

③ 不知为什么。

好想瞄准啊。

2010 年英国首相戴维·卡梅隆开始利用助推理论制定政策，塞勒教授也参与了项目。其中广为人知的是拖欠税款问题的解决方案。政府为解决有人拖欠税款的问题，决定给他们寄信，信中写道：您所在的地区几乎所有居民都按期缴纳了税款。结果，纳税率显著上升。此外，美国将加入养老保险的制度设置为自动加入自由退出，于是加入养老保险的人也增加了。诸如此类，助推的应用案例多种多样。

英国实行助推理论的案例

纳税

大家都在交税？！

告知拖欠税款者本地区居民的纳税率。

结果纳税率上升。
（对社会整体是一个好结果）

节能

为促进居民使用隔热设备，为积极使用隔热设备的家庭提供清扫阁楼的服务。

比起通过发放补贴引导居民使用隔热设备，该举措效果更好。

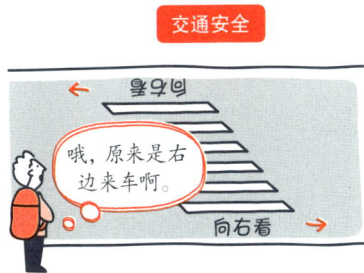

交通安全

向左看

哦，原来是右边来车啊。

向右看

为了提示对左侧通行不熟悉的游客，在人行横道上标出向右看的标识。

游客的交通事故减少了。

控制身材

高 糖

似乎对身体不太好。

在超市含糖饮料的货架上写上高糖

选择健康饮料的客人增多，对控制身材起到一定效果。

应用领域不断扩大的行为经济学

07

错误可以预测，这是真的吗？

用理所当然的方式解释一些理所应当的现象，这就是行为经济学。
因为行为经济学研究的是我们真实的行为，所以可以避免预测失误。

　　学习行为经济学时，很多学生会产生这样的想法：感觉行为经济学只是在用理所当然的方式说一些理所应当的现象。其实事实就是如此。行为经济学的优点就在于能够将我们理所应当的、真实的行为上升为一种普遍的易于接受的理论。通过运用这种思维，不仅能像助推一样提高政策的效率，而且可以减少一些常犯的错误。是否了解行为经济学理论，可能对我们的人生有着很大的影响。

行为经济学可以改变人生吗

学过行为经济学的人和没学过的人有什么不同呢？

人生应该顺其自然的。

这是经验法则的简单化，还是要慎重考虑。

赌徒谬误

现状偏差

首因效应

羊群效应

是否具备相关知识，影响着人的决策。只要具备行为经济学知识，就可以减少一些错误或非理性的决策。

"经验法则 = 把握事物大概""暂时不想亏损 = 损失规避（价值函数）""过度期待客观发生概率低的事件（决策权重）"，诸如此类，我们常常基于一些模型来认识事物，做出决定。也就是说，只要我们能够把之前介绍的行为经济学理论应用到日常生活中，重新审视自己的行为，就可以防止出现常见的错误或粗心导致的失误，从而做出令人满意的决定。

着眼于日常生活重新审视自己的行为

行为经济学知识可以运用到日常生活的方方面面。

08 为什么政治难以改善？

应用领域不断扩大的行为经济学

政治是由国民全体的意见创造出来的。但是，国民全体的意见未必总能符合每个人的想法。

世界各国都在采用助推思维运行政策。但也有很多人认为政治是不会被轻易改善的。近些年，除了日本，在美国、英国等国的选举中，经常出现让人疑惑"怎么会这样"的情况。在这一背景下，整个社会对未来发展的不安情绪会愈发强烈。为了改变现状，有经济学专家提议采取新的方案，比如把孩子的投票权交给父母等。

影响投票的心理倾向

● 社会稳定时人们的心理倾向……

现状偏差、想要避免损失的心理（损失规避倾向）对国民决策的影响越来越大。

现在正是改革的大好时机！要对忽视国民意见的强硬政策说"不"。

我保证今后大家也可以过稳定的生活！

虽然确实感觉有些强硬，但我还有工作要做，万一新政府上台后变得更差的话就惨了，还是保持原样吧。

A党
保守的执政党。
主张维持现状。

B党
在野党第一党。
主张政治改革。

选举时，容易影响我们投票的是想要规避损失的目光短浅的心理。雷曼危机后的 2009 年，日本的执政党实现了从自民党变为民主党（当时），当时，很多人认为自民党没能防止经济低迷，这样下去经济只会越来越糟，选一个新的政党比较好，所以优先选择了逃离眼前的困境。

●社会处于经济不景气或其他不稳定时期……

伴随着股价的下跌，经济环境的恶化，人们对未来的不安也愈发强烈。于是选民开始担心：如果维持当前的政权，未来可能会进一步恶化。于是为了规避损失，有时就会做出目光短浅的选择。2009 年日本政权的更替就是一个例子。

▨ 长期而客观地考虑问题

选举时，无法确切地猜中执政党和在野党的政策能为社会带来怎样的效果，真正重要的是要客观地思考哪个政党、哪位政治家的主张能长期为社会带来更好的影响（如财政稳定、国民减负等）。

应用领域不断扩大的行为经济学

09

努力制定更好的政策吧

今后，在政策制定方面，以行为经济学为基础的灵活思维模式也会在各个领域发挥关键的作用。

说起日本的政治，在"风平浪静"时常常维持现状，在"波涛汹涌"时常常会回避眼前的负面情况。因此，适应环境的变化，放宽限制、推行新举措等想法很难在全社会普及。这也是人人都想维护既得利益的原因之一。为改变现状，出现了很多选举制度的改革方案，如分年龄段设置选区等。然而，政治家为了维护自己的政治生涯，都在努力避开选举改革等真正有利于社会发展（合理）的选择，这也是事实。

过去的政策

●过去政府出台的政策。

日本一直按照"理应如此"的思维模式，或者说是一直以高高在上的姿态制定政策。然而，人们不可能总和政府持有相同观点。因此，政府认为好的、合理的，国民未必总能接受。

好担心未来的养老金啊。

为了抑制财政恶化，需要削减社会保障费。这一点很多人都很清楚。而实际上，大家还是不想自己承担医疗费等。因此，如果政府坚持执行这一政策，强制人们服从政府的决策，是很难获得支持的。

反对　抗议

削减年度支出

就算到了孙子那一代还是会支持。

大水漫灌

照顾既得利益者（泡沫经济破灭后，发展公共事业，既是为了保证就业，也是为了获得选民的支持）。

这样就可以吃上饭了。

这是一个经典且根本性的政治问题。专家对这个问题的解决方案也莫衷一是。不过，可以确定的是，助推思维是有利于解决这一问题的。从长远来看，人们基本上是理性的。在人们都有这一倾向的背景下，如果能善于利用人们选择的自由（精简选项，让选择简单化），就可以引导人们采取更合理的方式。我认为这样的讨论多多益善。

政策制定中应用助推的可能性

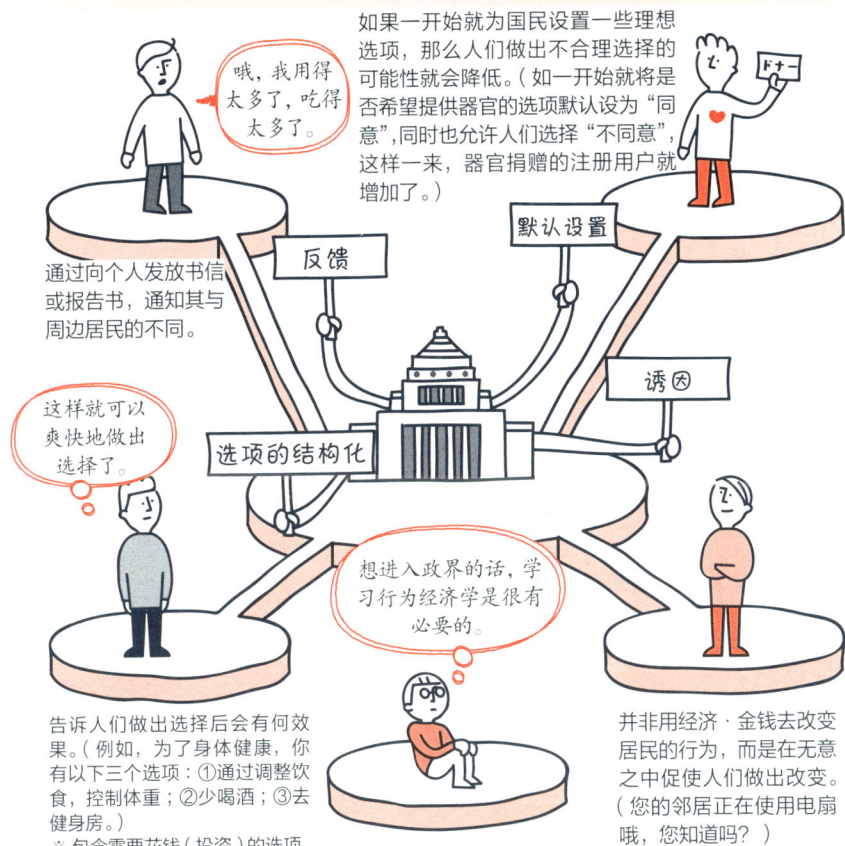

哦，我用得太多了，吃得太多了。

如果一开始就为国民设置一些理想选项，那么人们做出不合理选择的可能性就会降低。（如一开始就将是否希望提供器官的选项默认设为"同意"，同时也允许人们选择"不同意"，这样一来，器官捐赠的注册用户就增加了。）

反馈

默认设置

通过向个人发放书信或报告书，通知其与周边居民的不同。

这样就可以爽快地做出选择了。

诱因

选项的结构化

想进入政界的话，学习行为经济学是很有必要的。

告诉人们做出选择后会有何效果。（例如，为了身体健康，你有以下三个选项：①通过调整饮食，控制体重；②少喝酒；③去健身房。）
※ 包含需要花钱（投资）的选项。

并非用经济·金钱去改变居民的行为，而是在无意之中促使人们做出改变。（您的邻居正在使用电扇哦，您知道吗？）

● **助推思维。**

如果人们相信助推方式是有效的，政府就可以在承认国民具有自由选择权的同时，对人们的行为加以引导，这样国民就可以毫无压力地做出合理的选择。如果把这样的思维模式运用到政策制定中，就可以减少国民的反对，推行更多有利于社会发展的举措。

运用行为经济学，
让社会变得更美好

　　如今，越来越多的人开始尝试运用助推等行为经济学理论，制定或实施一些政策或方案。以往政府总是做出一些拍脑袋的决策，比如因为减少了年度支出，所以让国民自己承担医疗费等。实际上，这些举措并没有取得预期的效果。日本的财政情况就是一个很好的例子。解释日本的财政情况时，很多人指出日本的大多数选民都是老年人，他们的意见对政治的影响太大。这在某种意义上是正确的，但是即使继续讨论，这种情况应该也不会改变，因为人总会变老的。

　　也就是说，在讨论政策时，采用新视角和新思维是非常必要的。人们并不像传统经济学假设的那样，总是自私自利的，很多人会因为帮助了身边的人而感到满足。关注这种利他心理，对思考并讨论相关政策的制定将会有很大的价值。

8

展望行为经济学的未来

大家明白什么是行为经济学了吗？在不断的学习和实践的过程中，行为经济学还会一直发展下去。

01

我们的行为是深入研究的基础

行为经济学也是一门实践学科。走出大学的研究室，行为经济学理论也在时刻发展变化着。

　　此时此刻，行为经济学理论也正在发展。只要我们有野心，想要实现自我价值，企业就会努力为我们提供所需的新商品或新服务，社会也会不断发展。思考这些现象，就能促进行为经济学的深入发展。在市场营销或金融市场交易等领域，正在努力根据消费者或投资者心理，制定战略计划。

瞬息万变的社会

社会每时每刻都在发展变化。因此，人们对于能够解释这些变化的新兴理论也就是行为经济学的需求越来越大。

这些实践会成为促进理论深入发展的材料。罗伯特·席勒教授、理查德·塞勒教授等诸多行为经济学学者开始主动投身于咨询公司或投资顾问公司的业务，把理论应用于实践，然后根据实践中获得的经验，展开进一步的研究。如果日本的研究机构也与实践机构联起手来的话，在实践与研究的相互作用下，行为经济学可能还会取得更有意思的发展。

实践促进发展

● 需要研究机构与实践机构的合作。

国外正在根据实践情况，开展行为经济学的深入研究。

在金融界，应用行为金融学制定投资战略的情况越来越多。

学术

实践（业务·政策等）

企业正在实行关注消费者心理活动的新的营销方式和销售战略。

展望行为经济学
的未来

02 心理活动的源头在大脑

神经经济学与行为经济学着眼点不同，神经经济学通过分析控制着我们心理活动的"大脑"，来解释经济现象。神经经济学的研究也在不断发展。

请大家想象一下，如果被问到"心在哪里"时，大家会如何回答呢？我在大学讲课时向学生们抛出这个问题，大部分学生都回答说在心脏的附近。然而，实际上掌管心理活动的是大脑。神经经济学（Neuroeconomics）就是研究人的大脑是如何运转并进行决策的。神经经济学是使用大脑生理学技术，解释人们在进行经济决策时大脑是如何运转的学科。

心理变化不是因为心脏而是大脑

行为经济学运用社会心理学知识分析人的经济活动。而神经经济学通过分析大脑的活动，来研究经济决策方式。

原来思考或感受不是因为心脏，而是因为大脑的活动啊。

在神经经济学中，为了检测大脑的活动，使用了功能性磁共振成像装置（FMRI）等医学常用的器械。这些器械能将人或动物大脑活动时血液流动的情况可视化。这样就可以研究多巴胺（一种神经传导物质）等物质的分泌是如何变化的，经济决策是如何做出的，等等。有人说，与其说神经经济学是经济学，不如说它是大脑生理学的一个分支。

神经经济学是什么

行为经济学根据我们的心理活动，解释我们的决策行为。而神经经济学关注"心理＝大脑"的活动，思考我们在进行决策时大脑的工作机制，是经济学的一个分支。

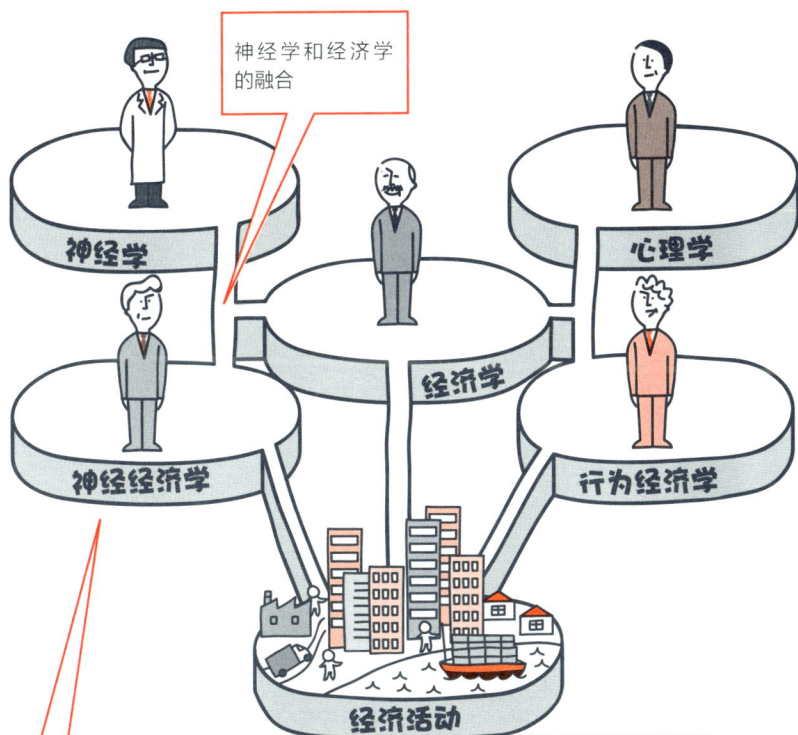

神经学和经济学的融合

神经学

心理学

经济学

神经经济学

行为经济学

经济活动

神经经济学使用FMRI（大脑运作时，将活动部位的血流变化成像的装置）等大脑生理学研究的专业器械，从神经学角度，分析我们与经济相关的行为产生的背景、决策的方式，即大脑的活动。

把丰富的助推机会应用到加速推进的政策之中

展望行为经济学的未来

03

助推理论已经成为诺贝尔经济学奖的热门方向，今后把助推等行为经济学理论应用到政策制定的机会将越来越多。

给人选择的自由，又不强制地在不经意间用胳膊肘给人提示，引导人做出更好的决策，这种助推思维将会应用到教育、医疗、社会福利等多个领域。将来，我们会运用自由派家长制思维，努力拟定或实施相关政策。自由派是重视自由的思维，家长制（父权主义）是重视用权力介入的思维。

自由派家长制

自由派
自由主义
重视市场机制

家长制
父权主义
比起个人意志更重视政府等的介入与干涉

自由派家长制
灵活运用助推理论的政策

☑ **在助推理论中，两者可以共存**

虽然大家普遍认为自由派和家长制是完全相反的两个概念，但在助推理论中，认为两者是可以共存的。

我们都有控制欲。因此，如果受到别人的指挥和强制，很容易产生抵触心理，很难轻易接受。如果有人对我们说为了身体健康，别使用扶梯，我们很容易生气地质问对方："为什么！"但是，如果在楼梯上画上钢琴的键盘，使人踩在上面的时候能发出音乐的话，比起扶梯，人们会更加想去享受走楼梯制造音乐的乐趣。这就是瑞典等国正在实行的助推案例。

人人讨厌被强制

真好玩。

si

do

看起来好有趣。

多管闲事！

fa

为了您的身体健康，请多走楼梯吧！

为了灾后复兴，我们增加了消费税！

好心会有好报的。没办法啊。

我们的生活也很苦啊。

为了尽快实现复兴，我们设置了复兴税！

怎么又增税啊？

受灾地区的人更困难，我也必须加油。

虽然同样是让人多交税，但比起直接说"增税"，说"复兴税"更容易得到群众的支持。

展望行为经济学的未来

04 人并非总是以自我为中心的

我们内心确实有一部分是自私的，但不是传统经济学假想的那种完全自私自利的人。

在传统经济学中，设置了两个前提，不仅认为我们是理性的，而且认为我们是自私的。然而实际上，很多人会参加志愿活动，所以我们并非总是自私自利的。找工作的时候，重视为他人或社会做贡献的学生也有很多。这个例子证明我们也有想要成为对别人有用的人的利他性。

人是自私的吗

真不想和他一起工作啊！

那家伙很讨厌是吧。

我的字典里没有"利他性"这个词。

基于传统经济学的前提已经难以解释当今经济的复杂性了。

不想和他交朋友。

理性经济人

英国经济学家阿尔弗雷德·马歇尔说经济学家需要冷静的头脑和温暖的内心（关注他人）。来自德国的诺贝尔经济学奖获得者阿马蒂亚·库马尔·森指出理性经济人是"理性的傻子"。森教授表示分析经济活动时，应该考虑与他人的共鸣、相关性、利他性。关于利他性会如何影响经济活动这一点，虽然还存在许多争议，但利他性确实受到了人们广泛的关注。

利他性的经济活动案例

●公平贸易
用合适的价格持续地从发展中国家进口，并消费这些国家的产品。

为了保护环境，减少使用空调吧。

●良知消费
选择对环境或社会有益的产品或服务。

谢谢。

■ 利他性对经济的影响
思考未来的经济活动时，利他性对经济的影响将越来越受到瞩目。与公平贸易、良知消费类似的尝试会越来越多。

展望行为经济学的未来

05 为他人着想会让社会变得更美好？

社会上的每个人都在与他人的互相帮助中生活。在制定政策时，"利他性"越来越受到重视。

传统经济学认为人都是冷静而通透的，只追求自己的利益，总是理性的。然而，在现实社会中，人们并非像理性经济人那样永远只考虑自己，根据人们为他人着想的特征制定出的政策正在推行。实际上，社会保障和税收制度具有收入再分配的作用，也就是说，征收富人的钱，来补贴低收入者，政府希望通过收入的再分配来提高社会福利，这个政策和利己主义正相反。

收入再分配的机制

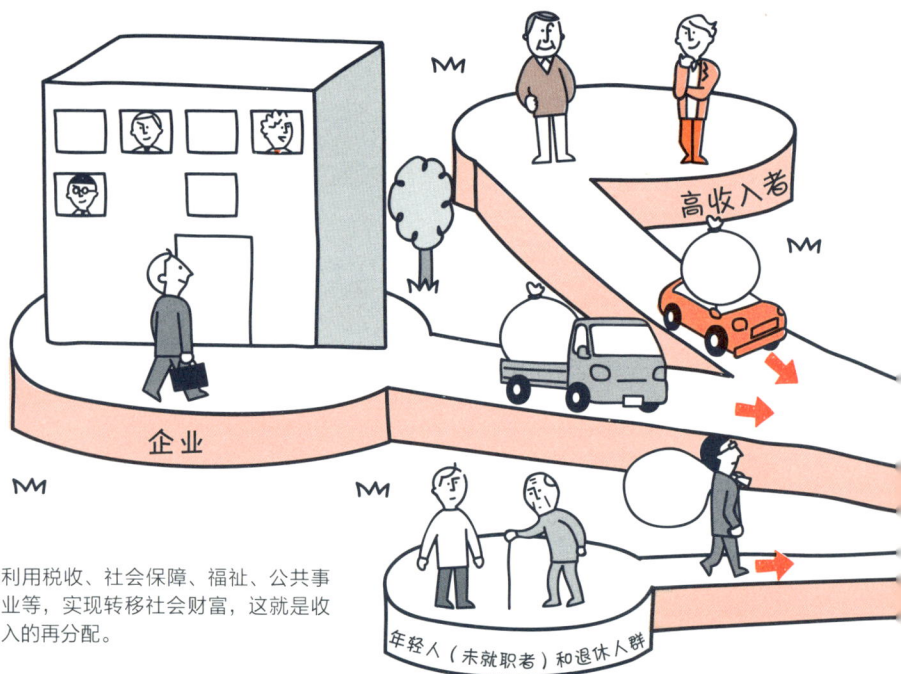

利用税收、社会保障、福祉、公共事业等，实现转移社会财富，这就是收入的再分配。

企业

高收入者

年轻人（未就职者）和退休人群

重视收入的再分配是为了维护社会整体的公平。如果我们真的都是自私自利的，那么"不理会他人，为了满足自己需求，努力霸占财富"的人会越来越多吧。这样一来，社会只会变得冷漠并且人心不古。因此，从这一点来看，重视并善于利用人们的利他性特点，会让每个人的生活更加丰富多彩。

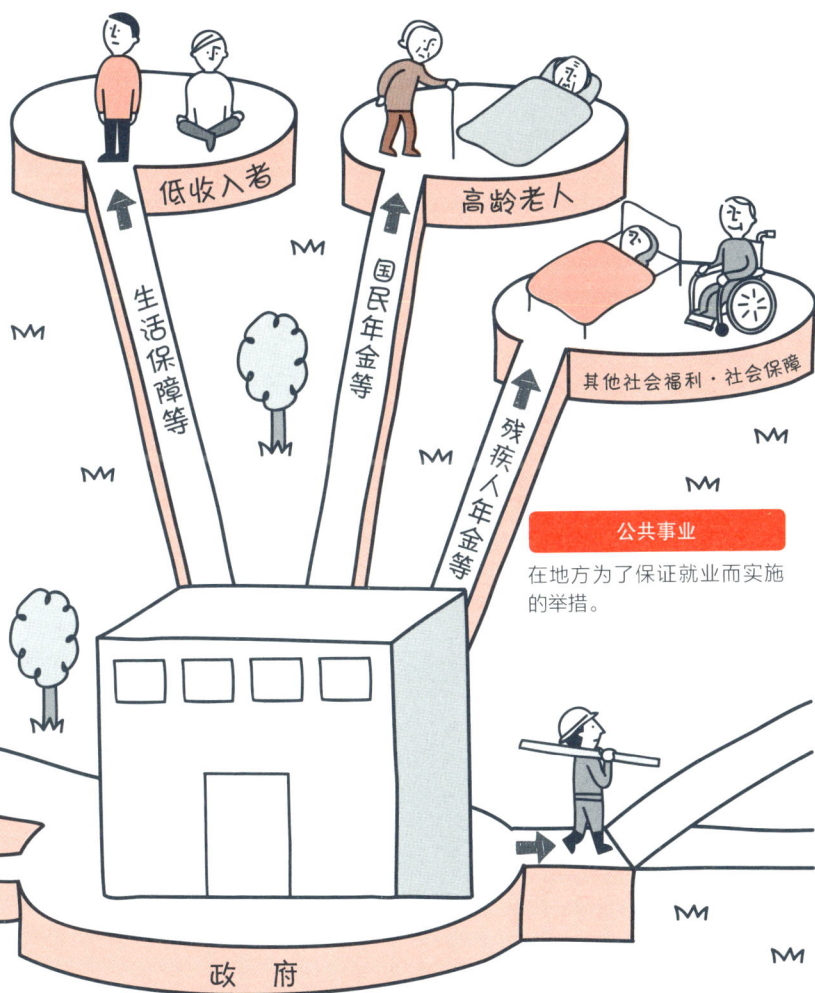

低收入者

高龄老人

其他社会福利·社会保障

生活保障等

国民年金等

残疾人年金等

公共事业

在地方为了保证就业而实施的举措。

政府

展望行为经济学
的未来

06

鼓足干劲，只要有干劲，一切皆有可能

在经济发展中，"动物精神"是不可或缺的，追求财富和成功的勇气能够生产出更大的附加价值。

追根究底，支持经济发展是我们的欲望。我们追求利益、成功、名声的勇气和野心，也就是"动物精神"更是促进经济发展的重要因素。雷曼危机后回顾世界经济的发展，苹果公司 iPhone 的畅销是一个重要的亮点。iPhone 简约美观，智能便捷可谓史蒂夫·乔布斯穷尽一生不断追求的成果。

动物精神是指什么

动物精神是指企业家在经营业务和进行投资时超高的热情和勇气。

有时人会由于野心和勇气屡屡做出一些难以预测的非理性的行动。

动物精神是指？

动物精神是凯恩斯提出的。凯恩斯指出企业家的勇气和野心是创新的源泉，在经济发展中起着重要的作用。美国经济学家乔治·阿克洛夫和罗伯特·席勒于 2009 年共同发表的《动物精神》一时成为热议的话题。

约翰·梅纳德·凯恩斯
（1883—1946）20 世纪前半叶著名的英国经济学家。在经济学界引发了凯恩斯革命。

174

iPhone 的出现创造出多样化的服务，比如社交软件、视频网站等史无前例的需求，大大地促进了经济的发展。我们的动机各式各样，可能是为了追求利益，也可能是为了实现自我价值。具有动物精神的人越多，挑战各种领域的人也会越来越多。这对于创造受欢迎的"畅销商品"是不可或缺的。如果能创造出像 iPhone 一样的畅销商品，人们的需求就会增加。

iPhone 带来的冲击

网页搜索和短信功能的丰富。

iPhone 的出现为我们的生活带来巨大的变化。

Facebook, Twitter, LINE 等社交软件的增加。

拍照功能的改善。

视频、音乐等视听服务的提升。

我无意与其他产业竞争，只是想精益求精，所以创造出了这款手机。

智能手机这一畅销商品在世界范围不断普及，因此人们对旧款手机（功能手机）和相机的需求下降了。乍一看好像很多企业都陷入了困境，然而实际上重要的是看到畅销商品带来了新的需求，认识到是人们对陈旧思维模式下生产的商品和服务的需求下降了。

新闻

史蒂夫·乔布斯
（1955—2011）

07

仍在持续开展的行为经济学研究

今后行为经济学还会继续发展，为了度过一个充实的人生，越来越多的人会意识到学习行为经济学的必要性。

　　笔者认为行为经济学未来的发展和政策的关系将会更加紧密。日本有很多社会问题，比如低生育化、老龄化、财政恶化、医疗等社会保障的可持续性不稳定等，不胜枚举。虽然这些问题都不是现在才出现的，但直到今天也没有得到彻底的解决。今后，为了改变现状，需要进一步促进行为经济学的研究。

应用到政策中从而创造一个更加美好的社会

运用助推等行为经济学理论，能够做出更加令人满意的选择，这是非常重要的。

为了解决这些问题，很多人指出"外部压力很重要""竞争原理很重要""削减年度支出很重要""促进工作方式改革"等观点，这些观点都很有道理。只不过其中有很多"拍脑袋＝强制性"的思维模式。如何从政策角度促使国民毫不抵触地接受变化，并主动追求更加充实而美好的人生呢？关于这个课题，我期待今后的热烈的讨论。

行为经济学使人生
更加精彩

今后，不光是学者（研究机构）、政府、企业等，各个领域都会越来越重视应用行为经济学的理论。这是因为和传统经济学理论相比，行为经济学能更清楚地解释我们的行为、社会的变化，让人产生"原来如此"的认同感。今后，行为经济学也会着眼于现实，解释更多理所当然的现象。因此，行为经济学的发展在我们考虑个人生活、社会问题及其解决方案等方面，都具有非常重要的意义。

将来，行为经济学也会成为支持社会变革以及创造美好环境的理论学说。我们要将古老经典和有较强说服力的传统经济学理论和新兴的行为经济学理论结合起来，努力创造一个稳定的经济环境。这是非常重要的。此外，进行经济相关研究的专家也需要适应社会需求，利用不同领域的理论知识，提出更具有说服力，能让更多人信服的逻辑理论。

我认为行为经济学是能够解释我们每个人的决策，是贴近生活实际感受的学科。像四舍五入一样，我们会将纷繁复杂的信息简单化，然后进行判断。相反，如果没有直观、大致把握事物的"经验法则"的作用，人们就无法做出一个个决定。所以说，学习行为经济学能够帮助我们深入思考自己的决策行为。

　　这也有助于我们思考自己为什么粗心大意，做出错误的决策等。就像"认知失调"所描述的那样，承认自己的失败会带来很大的心理压力。但只要大家明白这一点，就能认真反省自己为什么总是找借口逃避责任了。俗话说"失败是成功之母"，把它应用于实践，我们会逐渐理解自己的心理活动，明白自己是如何决策的。如果大家能做到这一点，相信我们今后会做出更加令人满意的决策，我们的人生也会更加丰富多彩。

图书在版编目（CIP）数据

图解生活中的行为经济学 /（日）真壁昭夫 著；宋妍 译.—北京：东方出版社，2021.10
ISBN 978-7-5207-2342-8

Ⅰ.①图… Ⅱ.①真… ②宋… Ⅲ.①行为经济学—图解 Ⅳ.① F069.9-64

中国版本图书馆 CIP 数据核字（2021）第 161760 号

Chishiki Zero Demo Imasugu Tsukaeru!Koudoukeizaigaku Mirudake Note
By
Akio Makabe
Copyright © 2018 Akio Makabe
Original Japanese edition published by Takarajimasha, Inc.
Simplified Chinese translation rights arranged with Takarajimasha, Inc.
Through Hanhe International(HK) Co., Ltd.China
Simplified Chinese translation rights © 2019 Oriental Press.

本书中文简体字版权由汉和国际（香港）有限公司代理
中文简体字版专有权属东方出版社
著作权合同登记号 图字：01-2019-1052 号

图解生活中的行为经济学
（ TUJIE SHENGHUO ZHONG DE XINGWEI JINGJIXUE ）

著　　者：［日］真壁昭夫
译　　者：宋　妍
责任编辑：姬　利　钱慧春
出　　版：东方出版社
发　　行：人民东方出版传媒有限公司
地　　址：北京市西城区北三环中路6号
邮　　编：100120
印　　刷：北京文昌阁彩色印刷有限责任公司
版　　次：2021 年 10 月第 1 版
印　　次：2021 年 10 月第 1 次印刷
开　　本：880 毫米 ×1230 毫米　1/32
印　　张：6
字　　数：210 千字
书　　号：ISBN 978-7-5207-2342-8
定　　价：42.00 元
发行电话：（010）85924663　85924644　85924641
